「気になる子ども」の教育相談ケース・ファイル

新井英靖 著

ミネルヴァ書房

はじめに
―― 本書の特徴 ――

　ここ数年，特別支援教育に関する理解講座や発達障害児等への支援方法を解説する書籍・講演・研修会が数多く刊行，開催されるようになり，教育現場において特別支援教育の知識はそれなりに広まってきました。しかし，教育現場では，実際の発達障害児やその保護者を前にすると「どのように対応したらよいのか？」と悩む教師はまだまだ多くいるのが現状です。加えて，通常学校の教育現場では発達障害児に対する支援のみならず，被虐待児や不登校児への対応，または，いじめ問題への対処など数多くの問題が山積しており，「教育相談」の内容は複雑かつ多岐にわたっています。

　こうした状況の中で，これからの教師は，講演会などの学習機会を通して多くの知識や技能を身に付けるだけでは不十分であると考えます。すなわち，これからの学校・教師には目の前にいる子どもの状態を分析し，その子どもに合った支援方法を立案し，実施する力が求められるでしょう。こうした力を教師が身につけるには，「ケース検討」を積み重ね，子どものどこに注目すればよいのかといった「専門的な眼」を養うトレーニングが必要です。

　本書は以上のような問題意識のもとで，特別支援教育に関係する「ケース・ファイル」を作成し，さまざまなケースを通して事例分析の方法を習得できるように編集しました。子どものケースでは，ADHD・アスペルガー症候群などの，発達障害児のケースのみならず，発達障害と関連してケース検討会で取り上げられることの多い「不登校」「虐待」についても解説しました。保護者のケースでは，「障害を認められない親」「自分を責める親」「子どもに厳しく当たる親」など，教育現場で配慮を要するケースを取り上げました。本書では「保護者も支援を必要としている」という基本的な立場のもと，保護者との関わり方や相談の進め方についてまとめました。

　本書ではケース・ファイルを合計15ケース紹介しています。この15ケースの演習をすべて終えると，特別支援教育の教育相談に関する情報がある程度網羅的に習得できるように編集してあります。また，ケースを紹介した次のページにケースを検討する補助となる「ワークシート」を設けました。このワークシートに自らの考えや対応方針を記入していくことで教育相談およびケース・ワークの技法を体得していくことができるようになっています。

　さらに，通常学校教員に求められている「学校カウンセリング」または「学校ソーシャルワーク」の基本的スキルについても，ケース・ファイルの演習を

通じて習得することができるように編集されています。ワークシートを活用して校内の教員でディスカッションすれば，校内研修会を開くこともできます。また，本書の内容は特別支援教育支援員や学生支援員など，通常学校の特別な教育的ニーズのある子どもと日々，接している人にも役立つものだと考えています。もちろん，そうした支援員を指導する立場にある教師や指導主事の方々が支援員の専門性を高めていく際にも活用することができると考えています。

本書の構成

　本書は「見開き」で理解できるように編集し，各ケース 10 ページ程度で解説する形式を取っています。次の①～④の手順に従って読み進めてください。
　　① 具体的な事例を読む。
　　② ワークシートに自分なりに支援方針等を記入する。
　　③ 「ケースを見つめる教師の眼」を読み，アプローチの幅を広げる。
　　④ ケースに関連する解説を読み，特別支援教育に関する基本情報を習得する。

本書の主な対象

　本書は，教育相談に関係することの多い**特別支援教育コーディネーター，養護教諭，生徒指導担当者**に向けて書かれています。また，「気になる子ども」の対応に悩んでいる**特別支援教育支援員や保育士（幼稚園教諭），学童保育の指導員**の方々の参考書としても活用できます。

ケースに関する留意事項

　本書で取り上げたケースについて，以下の点に留意しながらお読みください。

> 　本書で示されているケースはすべて「架空」のものです。筆者の経験をもとに書かれていますが，重要部分については大幅に脚色を加えてありますので，実在しないケースです。読者のみなさんの身近なところに類似したケースがいる場合には，「世の中には似たようなケースがけっこうあるんだな」と思いながら読み進めてください。

> 　それぞれのケース検討の中で示している「ワークシート」や「ケースを見つめる教師の眼」はあくまでも筆者の「見解」です。「これが正解」と考えるのではなく，「こんな考え方もあるんだな」と受け取ってください。読者の中で思いつかなかった視点が一つでもあったなら，その視点を「自分の引き出し」に加えていただければ幸いです。

もくじ

はじめに──本書の特徴

Chapter 1 「気になる子ども」のケース検討の方法

Chapter 1 のポイント 「善処する」という考え方をもつ……………*2*

File 1 教育相談の多様なアプローチ……………………………*6*
　1　子どもの困難を整理する…*7*
　2　ケースを見つめる教師の「眼」…*8*
　3　「支援資源」を見つける…*10*
　4　「特別な教育的ニーズ」という考え方…*12*
　5　学校全体で特別支援教育に取り組むためのコツ…*14*

File 2　困難の背景がわからない………………………………*16*
　1　困難の背景をさぐる…*17*
　2　ケースを見つめる教師の「眼」…*18*
　3　「実態把握」のためのチェック項目…*20*
　4　「落ち着きのない子」の支援方法…*22*
　5　「支援方針」を立てて一貫したアドバイスをする…*24*

File 3　校内委員会で支援方法を検討する………………………*26*
　1　支援資源をさがす…*27*
　2　ケースを見つめる教師の「眼」…*28*
　3　多文化共生社会を築く…*30*
　4　ケース会議の司会者の役割…*32*
　5　相談に来た人の「気持ち」を見抜く…*34*

Chapter 2 「気になる子ども」の理解と支援

Chapter 2 のポイント　子どもを変えるのではなく，教師が変わる ‥*38*

File 4　好きなことばかりしている子……………………………*42*
　1　子どもの行動パターンを知る…*43*
　2　ケースを見つめる教師の「眼」…*44*
　3　幼児期の困難の背景にあるもの…*46*

4 「子育て支援」の理念と方法…48
　　5 幼児との「関わり方」のコツ…50

File 5　クラスに溶け込めない子……………………………………52
　　1 支援ニーズを理解する…53
　　2 ケースを見つめる教師の「眼」…54
　　3 「情報の交通整理」を支援する…56
　　4 状況を認識するのに必要な「記憶」…58
　　5 子どもが「わかる」ように話す…60

File 6　本当にわがままな子なのか？……………………………62
　　1 「ずれ」から生じるトラブル…63
　　2 ケースを見つめる教師の「眼」…64
　　3 子どもの「診断」をしてほしい…66
　　4 自閉症の障害仮説と支援方法…68
　　5 自閉症児の感覚過敏性への配慮…71

Chapter 3　特別支援教育と「学級づくり」・「学習支援」

Chapter 3のポイント　キーワードは「共同性」と「多様性」………74

File 7　「自信」をもたせる学級活動……………………………78
　　1 支援の原則を立てる…79
　　2 ケースを見つめる教師の「眼」…80
　　3 「できる」活動を与えて「ほめる」…82
　　4 心理的な「孤立」がもたらす困難…84
　　5 みんなが「休みたい」と言ったら？…86

File 8　「先生が指してくれない」と怒る子……………………88
　　1 障害特性に配慮する…89
　　2 ケースを見つめる教師の「眼」…90
　　3 子どもの学習スタイルを理解する…92
　　4 「学校文化」と自閉症児…96

File 9　「わかりたい」を支援する…………………………………98
　　1 学習の「つまずき」を支援する…99
　　2 ケースを見つめる教師の「眼」…100

3　教材・教具開発のポイント…*102*
　　4　効果的な学習支援の方法…*104*
　　5　授業展開を構想してみよう…*106*

Chapter 4　行動と感情をコントロールするアプローチ

Chapter 4のポイント　教育と福祉を接合したアプローチ …………*110*

File 10　「感情」の制御がうまくできない………………………………*114*
　　1　優先順位をつけて対応する…*115*
　　2　ケースを見つめる教師の「眼」…*116*
　　3　心身症の兆候を見逃さない…*118*
　　4　不登校となる「リスク」…*120*
　　5　地域の支援資源をまとめてみよう…*122*

File 11　虐待されている子のサイン……………………………………*124*
　　1　多角的な支援を計画する…*125*
　　2　ケースを見つめる教師の「眼」…*126*
　　3　虐待を疑う子どもと保護者の特徴…*128*
　　4　被虐待児の「指導」の方法…*130*
　　5　「児童虐待」と判断する基準は？…*132*

File 12　暴力をふるう子との「関係」づくり……………………………*134*
　　1　「怒り」の理由を考える…*135*
　　2　ケースを見つめる教師の「眼」…*136*
　　3　人との関係性はどのように育つか？…*138*
　　4　教師はどのように働きかけるか？…*140*
　　5　「行為障害」の子どもへの対応…*142*

Chapter 5　保護者との教育相談を成功させるには

Chapter 5のポイント　保護者の「思い」と向き合う教育相談 ……*146*

File 13　保護者の障害受容を支援する…………………………………*150*
　　1　「受診」までの道筋を考える…*151*
　　2　ケースを見つめる教師の「眼」…*152*
　　3　障害受容のプロセス…*154*
　　4　「同じ方向」を向いて話し合うには？…*156*

  5 価値判断をいったん留保する…*158*

File 14 「学校の思い」と「保護者の思い」……………………*160*
  1 保護者と教師の立場の違いを意識する…*161*
  2 ケースを見つめる教師の「眼」…*162*
  3 学校の「姿勢」を見せること…*164*
  4 「共感的理解」と「フィードバック」…*166*
  5 教師自身がもつ「前提」…*168*

File 15 子どもに厳しく迫る親………………………………*170*
  1 ストレスの奥に潜む「感情」…*171*
  2 ケースを見つめる教師の「眼」…*172*
  3 保護者の育児ストレスを理解する…*174*
  4 「家庭訪問」の意味を考える…*176*
  5 「思い」を聞くことから始める…*178*

参考文献

おわりに

コラム
① 保護者の話をさえぎれなくて，
   相談を終わらせることができないのですが… …*36*
② 保護者からの質問が多岐にわたっていて，
   すべて適切な回答をすることができません… …*108*
③ 子どもの希望と保護者の思いが一致しません
   こういうときはどうすれば良いでしょうか… …*144*

Chapter 1
「気になる子ども」のケース検討の方法

Chapter 1 のポイント

「善処する」という考え方をもつ

1.「正解を求める」のではなく,「善処する」

　いつの時代でも,教育問題は世間の大きな関心事となってきました。1980年代には校内暴力への対応に焦点があてられていたと思えば,1990年代にかけて「いじめ」「不登校」問題が深刻化し,21世紀になってからは「発達障害」「特別支援教育」に関する大きな改革の波が押し寄せ,そのたびに学校は「改革」を迫られてきました。

　これらの教育問題に対して文部科学省を中心に対応方針が示され,学校現場では「専門家」を呼んで研修会を開き,新しい分野の知識や技術を身に付けてきました。もちろん,こうした甲斐あって学校も少しずつ変化してきています。たとえば,一昔前であれば,教師が「説教」をして子どもに理解させようとしていた生徒指導も,今では「生徒との対話」を重視し,子どもが「自ら納得する」ことが大切であるというように変化しています。

　こうして発展してきた現在の教育現場では,「発達障害」「いじめ」「虐待」「非行」など多岐にわたる問題に対して,それなりの指針をもって対応しています。しかし,これら特別な支援を必要としている子どもへの対応は学校内で総合的に提供されているとは限りません。たとえば,「いじめ」や「非行」の対応は「生徒指導」,「いじめられた子」や「被虐待児」への心のケアは「教育相談（学校カウンセリング）」,「発達障害児」に対しては「特別支援教育」というように担当部署が分かれてしまっています。

　しかし,「発達障害児」が「いじめ」られたり,不登校になることもあり,一人の子どもに複数の部署からのアプローチが必要であることも珍しくはありません。こうした場合には,もちろん「特別支援教育」と「生徒指導」などが連携して対応することが必要ですが,その前に「一人の子ども」を学校が総合的に支援する計画を立てることが求められます。

　以上のように,多岐にわたる問題を抱える学校・教師に究極的に求められることは「一人ひとりに合った支援」を提供することです。そのためには,まず子どもの問題に関連する「知識」や「技能」を学ぶことから始めることが必要なのでしょうが,目の前にいる「困っている子ども」に対する最善の対応を考え出すことができるのは,あくまでも「子どもの実態」からです。講演会などで得た知識は「総合的な支援計画」を立てるときの重要な「拠り所」となるで

しょうが，その知識を絶対的なものと信じて画一的な対応をしていればうまくいくというほど，単純なものではありません。学校・教師が子どもの実態と理論の間で揺れ動きながら，「今の状況ではこれが最善の対応」とか「本当は〜したいのだけど，現時点ではこのあたりまでかな」といった思いの中で対応方針や対応方法を決めていくことも多いというのが現実です。

このように考えると，教育相談というものは，「正解を求める」のではなく，「善処する」といった姿勢をもつことが必要であるといえます。また，困難を抱える子どもにどのような対応を提供するかという点においても，「画一的・永続的」な対応をしようとするのではなく，「多様で，柔軟な」対応をしていくことこそが，教育相談員に求められる資質であると考えます。

2. 「困難の背景」を探り，「支援方法」を考える

(1) ケースの特徴をまとめる

それでは，具体的にケース検討の方法について見ていきましょう。ケースを分析するときの第一のポイントは「子どもの言動」から「困難の背景」を析出することです。たとえば，「落ち着きのない子」であれば，「何か不安そうでウロウロしていることが多い」のか，「興味のあるものが目に入ったら，脇目もふらず突進していく」のかなど，同じ「落ち着きのなさ」であっても子どもが示す特徴は異なります。保護者の相談でも，「私がいけないんです」と自分を責めてしまう発言をする親なのか，「先生の教え方がいけない」と相手に責任を負わせようとする発言をする親なのかによって，教育相談員の対応は異なります。

こうした「言動」を列挙することで，ケースの大まかな特徴をつかむことができ，どのようなアドバイスをしたらよいか，あるいはどのような支援方法を提案したらよいかが見えてきます。

ケースを検討する場合には，できればケースの特徴を簡潔な文章にまとめるほうが良いでしょう。特に，校内研修会のような複数の教師でケースを検討する場合には，箇条書きでも良いのでケースの特徴を文章化し，同じ情報を共有できるようにすることが大切だと考えます。

ケースをまとめるときの文章量は多くてもＡ４判１枚程度としましょう。情報は多すぎると焦点が見えにくくなり，ケースの分析に時間がかかってしまいます。口頭で報告する場合にも，ポイントを絞って話をしてもらうように，「生育歴」「学校での様子」「教師の対応」「困っていること」といった柱を話題提供者に伝えておくことも有効な方法です。来談者が保護者の場合は，ポイントを絞って話をすることに慣れていない保護者もいますので，枝葉末節の話

に入り込んでしまう人には区切りの良いところで教育相談者が保護者に質問して，必要な情報を短時間で収集することが求められます。

（2）困難の背景をさぐる

　ケースの特徴を文章化したら，その中で困難の背景を示してそうなものにマーク（アンダーライン）をしていきましょう。たとえば，「物事の順番にひどくこだわる」などといった報告があれば，「ひょっとしたら自閉症かも…」と考えながらマークします。ケースの特徴をすべて読み終えた後，マークされた項目を改めて見てみると，困難を引き起こしている要因が見えてきます。

　もちろん，マークした項目だけですべてのケースの困難の背景がわかるというものではありません。むしろ，「ADHDのような気もするが，虐待の可能性も捨てきれない」などというように，あいまいな判断しかできないケースの方が多いかもしれません。保護者の相談に関して言えば，「基本的に保護者は子どもの状態を受け入れているけど，この点はまだ受容できていない」など，両義的な見方をするほうが現実的な分析であることも多いでしょう。「ケースを分析する」ということは，こうした意味で「断定」することではなく，「多様に解釈する」ことなのです。あらゆる可能性の中から「困難の背景」を想定することができるかどうかは，教育相談員の経験にかかっているとも言えます。

（3）支援方法を考える

　ケース検討を通して可能性が高いと思われる「困難の背景」を考えたら，次の日から数週間（〜数カ月），困難を改善するための支援を提供してみましょう。具体的な支援の内容は教育相談担当者の経験から「〜のような関わり方がよいのでは…?」と提案できることがもっとも望ましいでしょうが，教育相談の経験の浅い教師だったとしたら，市販されている書籍等から「標準的な支援内容」を整理して提示するだけでも良いでしょう。大切なことは，広く世の中に流布している支援の原則を守りながら，自分の学校や学級で提供できる支援内容にアレンジできるかどうかです。

　このとき，子どもに他の子どもと異なる特別な支援（たとえば，抽出して補習する等）を提供する場合には，保護者の了解を得ておくことが望ましいでしょう。また，子どもへの支援，保護者への支援，どちらにしても「学校の教職員全体」でできる限り支援内容を共有しておくことが大切です。たとえば，虐待を繰り返す保護者に対して，教師間で「提出物等が滞っても強く叱責しない」といった申し合わせをしていたとしても，事務室のほうから「何度も催促していた」などというようなことがあったら，効果的な支援を提供できなくなる可能性もあります。

(4)「個別の指導計画」を作成する

このような学校内部の対応の不一致を起こさないために,子どもや保護者に対する支援内容が決まったら,「いつ」「誰が」「どのように」支援を提供するのかを整理して,文章化することが重要です。学校に特別な支援を提供しなければならないケースが何人かいるようであれば,書式を決めておいて,支援方針・内容・担当者等を記入していくようにすると良いでしょう。特別支援教育の分野では,こうした書式を「個別の指導計画」と呼び,特別支援教育コーディネーターのリーダーシップのもと,子どもに対する指導内容を記入し,校内委員会等で共通理解をすることになっています。保護者を支援するケースでも,共通理解が必要な場合には,同様に「支援計画」を立てて学校の教職員で確認することが重要となるでしょう。個別の指導計画は校内の職員がケースを共通して理解するために「必要なもの」であるといった認識をもつことができるようにしていくことが大切です。

以上のケース検討の方法をまとめると次のようになります。

ケース検討の方法

1　**ケースの特徴をまとめる**
- 子どもや保護者の「気になる点」を挙げる。箇条書きでも良い。
- ケースの報告はポイントを絞って。文章ならA4判で1枚程度にまとめる。

2　**困難の背景をさぐる**
- ケース報告を読み(聞き),困難の背景に結びつきそうな特徴をマークする。
- マークされた項目を総合的に見て,困難を引き起こしている背景を考える。(「言動の特徴」や「困難の背景」は必ずしも一つに絞らなくてもよい。)
- いくつか挙げられた困難の背景のうち,もっとも可能性の高い背景はどれかを考える。

3　**支援方法を考える**
- 「困難の背景」に対する対応の原則を考える(調べる)。
- 「学校・学級(あるいは家庭)」で実現可能な対応にアレンジする。

4　**「個別の指導計画」を作成する**
- 「誰が」「いつ」「どのように」支援を提供するのかを整理する。
- 「個別の指導計画」に支援方針とその内容,担当者等を記入する。

File 1

教育相談の多様なアプローチ

| 中学生 | 家庭内暴力 | 高度肥満 | 心身症 | 低学力 |

　A児は就学前から集団に入りにくい，よくむずかるなどの特徴を示し，小学校に入っても登校をしぶるなどで母親を困らせていた。8歳の頃，父親による暴力が頻発していて，体重が成長曲線を逸脱して急激に増加した。その後，A児の弟が家庭で暴れて母親に暴力をふるうようになり，母親はときどき家から飛び出して1泊，外泊するといったこともあった。

　現在は，A児の家族は暴力をふるっていた父親と別居しているが，母親は仕事をすぐにやめてしまい，定職につくことはできず，経済的に苦しかった。それにもかかわらず，A児への小遣いは月に2万円も与えていて，A児は家計が苦しいときでも母親に小遣いを要求し，ゲームセンターで遊んでいる状態であった。A児はお金がなくなると，ときどき万引きをして補導された経験もあった。

　母親はA児の肥満と万引きについて児童相談所に相談したところ，病院に一時入院して様子をみることになった。A児は中学1年の時点で体重が100kgを超えていて，体脂肪率60％以上であり，高度肥満と診断された。父親による幼少期からの暴力による精神的なダメージも大きく，また，高度肥満への対応もあったので，心療内科と連携できる病院に転院して入院治療を行った。

　退院後，地元の中学校に戻ったが，学習空白の期間が長かったこともあり，読み書き計算の遅れが顕著であった。具体的には，足し算は複雑なものでなければできるが，引き算やかけ算九九はあいまいな状態であった。また，国語は文章を読むことはできるが，書くことが特に苦手で，小学校低学年の漢字を書くことも難しかった。発達検査等の結果から，知的障害ではないことがわかり，家庭での虐待等が影響した学習困難であると予想された。A児は学力が低いこともあり，「自分を表現する力が大変低く，場面に応じた行動を考えることがとても苦手な子ども」であった。

相談場面

● 学級担任から生徒指導主任へ
●「A児のようなケースはどこから対応したら良いのか」と相談された。

1　子どもの困難を整理する

● A児と家族が抱える「困難・課題」を列挙してみましょう。
●「学校・教師」の対応と関係機関に支援を求めることを整理してみましょう。

A児の困難・課題

学校・教師の対応

A児の家族の困難・課題

支援を求める外部機関

ケース検討のポイント！
●「子ども」の困難だけを見るのではなく，家族を含めて総合的に「関係性」を捉えること！
●困難が複雑に絡み合っているケースでは，「一人で抱え込まない！」が原則です。連携することができる「支援資源」を考えてみましょう。

Chapter 1 「気になる子ども」のケース検討の方法

2 ケースを見つめる教師の「眼」

1.「どうしよう？」から「何かできるはず」へ

　子どもの困難が複雑に絡み合っているケースの場合，教師が気になる困難を一つひとつを取り上げて，「私たちはどうすれば良いでしょうか？」と問うのでは，あまり効果的に支援を提供できません。そこで，ケース検討の最初のステップとして，子どもの困難を整理することから始めましょう。

　A児のケースでは，A児自身が抱える困難とともに，A児を取り巻く環境（今回の場合は「家族」）についても支援の必要性（「ニーズ」）を理解することが求められます。その上で，「学校や教師ができる支援」と「関連機関から得られる支援」を整理することが必要となります。こうした支援の中には子どもへの「関わり方」に関するものもあれば，「福祉制度の活用」も含まれます。これらの支援を提供する「人」や「機関」，すなわち「支援資源」についても整理してみると，学校内外にそれなりに存在することがわかります。

　子どもの困難が複雑で深刻であると，教師は「どうしよう？」といった不安感が高まり，目先の問題から対応しがちです。そこで，困難を整理し，全体像を把握することが大切になってきます。

A児の困難・課題	学校・教師の対応
病気の改善 高度肥満への対応	病気の自己管理能力の育成
虐待による心理的ダメージ （万引きなどへ影響か？）	自己肯定感を高める （自信をもって活動する）
学習困難（基礎学力） 自己表現力の欠如	気持ちを言葉にする （感情のコントロールへ）
	社会生活上，不可欠な学習能力を身につける（読み書き計算）

A児の家族の困難・課題	支援を求める外部機関
経済的貧困	児童相談所
母親の育児能力が低い （子どもの言うままにお金を出す）	病院（肥満・心理面の対応）
弟の家庭内暴力	警　察
父親による幼少期の虐待	

2.「ワークシート」を工夫しよう

　子どもの困難を整理するためには,「ワークシート」を作成し,記入していくことが有効です。今回のケース検討では,「まず,複雑な困難や活用できる支援を一覧にして,パッと見てわかるようにする」ことを目的としましたので,左側に「困難」,右側に「対応や支援資源」を列挙する欄を設けたワークシートを作りました。

　しかし,A児の困難の背景を探る必要があるのであれば,子どもの困難と支援を一覧にして並べるようなワークシートではなく,困難の背景を記入できる欄を設けたワークシートを作成した方が良いでしょう(File 2参照)。このように,ケース検討ではケースの特徴と,どのような検討を行いたいかといった学校や教師の側の意図に合わせてワークシートを作成することが必要です。ケースの特徴に合わせたワークシートの開発は,学校の校内研修として事例検討を行い,校内職員の力量アップを図る場合には,とても重要なものであるので,教育相談担当者や特別支援教育コーディネーターの重要な役割の一つであると考えます。

3. 困難を抱える子どもへの「教育相談」の特徴

　A児のケースでもそうであったように,ケースを検討する場合には,本人への支援を考えるとともに,本人を取り巻く「環境」の調整が必要な場合があります。これは,困難を抱える子どもへの「教育相談」が,単なる**心理的なサポートではなく,学校ソーシャルワークの側面をも有している**ということを示しています(詳しくはChapter 4参照)。

　学校ソーシャルワークというと,「学校の教員は外に出かける時間があまりないので,なかなか難しいのではないか?」という疑問をもつ人も多いのではないかと思いますが,これは,具体的なソーシャルワークの活動を教師がしなければならないという意味ではありません。学校で教師が行うソーシャルワークとは,「家庭の事情」を理解し,家族支援の観点から必要な情報を保護者に伝えたり,関係機関の人に家庭訪問をしてもらうように働きかけることなどを意味します。

　大切なことは,子どもにとって必要な支援を総合的に提供できるかどうかです。「教育相談とはこういうものです」というように,自ら守備範囲を定めて,その範囲の中で対応しようとするのではなく,必要な支援を集め,連携させて,ひとりの子どもへの支援の形(ネットワーク)を作ることを目指して「教育相談」を進めていきましょう。

3 「支援資源」を見つける

1. 支援資源の「役割」「機能」を整理する

　教育相談担当者または特別支援教育コーディネーターが，一人の子どもに対する支援ネットワークを考える際に，まず必要なことは「支援資源」を知ることです。このときの「支援資源」には，自分の地域のどこに，どのような支援資源が存在しているのかを知るということもありますが，まずは，学校内にどのような支援資源があるかを整理するところから始めましょう（関係機関のリストについては，Chapter 4 へ）。

　校内の支援資源を整理するときには，「①本来の役割」と「②困難を抱える子どもへの支援」を分けて考えることが大切です。たとえば，小・中学校の養護教諭であれば，次のようになります。

養護教諭	①本来の役割	在籍しているすべての子どもの心身の健康を促進するために機能すること。
	②困難を抱える子どもへの支援	教室に入れない子どもの居場所づくりやメンタル・サポートが必要な子どもへのケア。

　このように，①と②に分けて役割や機能を考えるのは，「①本来の機能」だけで捉えたのでは実際に活用できる「資源」とならないこともあるからです。もちろん，養護教諭の役割に②を加えるかどうかは，議論すべき点です。養護教諭の中には，②のような役割を担うことを「業務外」として拒否する人もいるでしょう。しかし，多くの養護教諭が②の役割を担っていることも事実です。教育相談担当者は，養護教諭に過重な負担がかからないように配慮しつつも，「活用できる資源は有効に利用する」という発想が必要です。

　養護教諭が新規採用者で，「本来の機能」を果たすことで精一杯であるような場合には，困難を抱える子どもの支援資源として活用できないところも出てくるかもしれません。そうした場合には，校内の別の資源に当たってみるというアプローチを取ります。たとえば，特別支援学級が上記の②の支援資源として位置付いている学校もあります。極端に言えば，困難を抱えている子どもの受け皿が校内にあればそれで良いのであって，校内の支援資源を整理する中で見つけ出すことが大切です。

2. 支援資源を整理してみよう

　以下に，困難を抱える子どもに対して活用できる支援資源を挙げてみました。あなたの学校で，どのような活用方法が考えられるか整理してみましょう。

養護教諭	①本来の役割	
	②困難を抱える子どもへの支援	

特別支援学級	①本来の役割	
	②困難を抱える子どもへの支援	

	①本来の役割	
	②困難を抱える子どもへの支援	

	①本来の役割	
	②困難を抱える子どもへの支援	

	①本来の役割	
	②困難を抱える子どもへの支援	

（空欄には自分の学校で活用できる他の支援資源の名称を記入し，その役割・機能を記入してみましょう。例：生徒指導主事，校長室，PTA など。）

4 「特別な教育的ニーズ」という考え方

1.「特殊教育」から「特別支援教育」へ

　第二次世界大戦後，日本の「特殊教育」は，盲・聾・養護学校または特殊学級という「特別な場」において，「障害」にもとづく種々の困難を改善・克服することを目的として発展してきました。戦後50年の歴史を見れば，その成果はめざましいものであったと考えられます。

　しかし，1990年代以降，通常の学級に在籍する学習障害等の特別な教育的ニーズのある児童生徒に対して特別な支援を提供することの必要性が多く指摘されるようになりました。21世紀に入り，さまざまな調査研究またはモデル事業を通して，日本の小・中学校では特別支援教育体制の構築が進められました。その中で，

---
(1)　特別支援教育コーディネーターの指名
(2)　校内委員会の設置

については，日本全国のほとんどの小・中学校で達成しています。

2.「特別な教育的ニーズ」にもとづく教育

　以上のような「特殊教育」から「特別支援教育」へ転換する中で，文部科学省の報告書の中に，「特別な教育的ニーズ」という用語が使用されるようになりました。そもそも，「特別な教育的ニーズ」という用語はイギリスの1981年教育法で，「統合教育の原則」と合わせて規定されたものです。

　イギリスの「特別な教育的ニーズ」にもとづく教育は日本の特別支援教育よりも広い概念で，「障害」に起因する困難のみならず，環境要因による困難も含めています。たとえば，英語を母国語としない外国人（多くは移民の子女）の特別な教育的ニーズです。彼らは母国語ではない言語で授業を受けるため，学習に遅れが生じやすく，また，教室での教師や友達とのコミュニケーションが苦手になりがちです。そうしたことが影響して，落ち着きがなくなったり，情緒不安定になったりすることもあります。イギリスでは，こうした子どもを一時的に抽出して英語を教えたり，母国語で書かれた手紙を持たせて家庭と連絡を取ったりするなど，さまざまな支援を提供しています（外国人の子どもへの対応についてはFile 3参照）。

3. 日本における「特別な教育的ニーズ」

　もちろん，教育制度や歴史的背景がまったく違うイギリスの取り組みをそのまま日本に当てはめることはできません。しかし，日本においても，こうした「特別な教育的ニーズ」にもとづく教育を展開することの意義は大きいものと考えます。たとえば，被虐待児への対応です。被虐待児は，子どもの家庭環境に起因する問題であり，子ども個人を指導するだけで解決できる問題ではありません。

　被虐待児が抱える困難は，「落ち着きがない」「文字の覚えが悪い」など，学習障害児やADHD児の特徴とよく似ています（File 6参照）。実際の教育現場では，行動特徴がよく似ていることから，その区別がつけられず，特別支援教育のケース検討に挙げられることも多くあります。困難の背景はまったく異なるものであるので，その対応方法も異なる点が多いことは事実ですが，被虐待児にしろ，学習障害等の発達障害児にしろ，「特別な支援」が必要な「特別な教育的ニーズ」があるという点において異論を唱える人はいないでしょう。

　こうしたことは，発達障害と不登校の関係でも同様のことが言えます。不登校は学校や家庭といった環境要因に起因することが多く，発達障害と直接的な関係はありません。しかし，発達障害児が不登校となる割合は通常の子どもが不登校となる割合よりも明らかに多いと言われています。もちろん，発達障害からくる特有のコミュニケーション障害などが不登校のきっかけとなっているケースもありますが，多くは「失敗経験」による「自信の喪失」など「二次的な困難」から不登校となっています。こうしたケースでは，子ども個人への対応のみならず，子どもが楽しく学校生活を送れるようなクラスづくりを考えるなど，何らかの環境調整が必要となるでしょう。

　以上のような被虐待児や不登校児も特別な支援の対象として考えると，日本の教育でも「特別な教育的ニーズ」のある子どもはすべてのクラスに在籍していると言えるのではないでしょうか。文部科学省は，学習上または行動上の困難を示す子どもが全児童生徒の約6.3％程度いるという報告をしていますが，おそらくそれよりも多い割合で「特別な教育的ニーズ」のある子どもは存在すると考えられます。

　そして，「特別な教育的ニーズ」のある子どもへの対応を考えるということは，不登校や虐待といった現代の日本の教育が抱えている教育困難問題のすべてを包括することにもなります。つまり，「特別な教育的ニーズ」のある子どもへの教育を充実させることは，単に「障害」のある子どもに適した教育を提供することではなく，通常の学校において展開されている教育のあり方そのものを問うものである，と考えるべきでしょう。

Chapter 1 「気になる子ども」のケース検討の方法

5　学校全体で特別支援教育に取り組むためのコツ

〔学校全体の雰囲気づくり〕
●教師どうしでどのような会話をしていますか？
（　）困った子どもの様子
（　）クラスの子どものかわいらしさ
（　）学校や管理職への不満・要望
（　）教師自身のプライベートな話
（　）子どもや学校・教育の話とは関係のない会話

（　）いろいろなクラス・学年の先生と話をする
（　）ある程度，固定された同僚と話をする
（　）管理職も雑談の中に混じる

◎→よくある　　○→ときどきある　　△→あまりない　　×→まったくない

1.「世論」を形成する職員室の「立ち話」

　まず，上の質問について考えてみてください。職員室というのは，学校の教職員の世論形成の場であることは，学校関係者であれば何となく感じていることでしょう。それでは，普段，どのような会話をしているのかを振り返ってみましょう。

　もちろん，「こういう会話をしている職員室が望ましい」といったものはありません。「子ども」の話をしていなくても，職員室で一致団結していることも多くあります。「子どもの困難」について話していても，「あの子は困っている」という調子で話が展開されているのか，「あの子は困った子だ」という話になっているのかで，子どもへの対応は大きく違うでしょう。

　大切なことは，職員室での会話を冷静に見つめ，職員が一致団結して学校の抱えている諸課題に向かっていくことができる雰囲気を作ることです。子どもたちの起こしている問題があまりにも大きい場合には，子どもの話をすればするほど，疲れてしまうといったこともあるかもしれません。逆に，「困った子」として話されていた会話の中に入って，さりげなく「困っている子」としての話に変化させていくだけで，教師の関わり方が変化するかもしれません。

　このように，「どんな話を職員室でするか」を意識して職員室の雰囲気を意図的に形成することも，学校全体で特別支援教育に取り組む一つの方法だといえます。もちろん，それで「学校が変わる」などといった大げさなことを言うつもりはありませんが，子どもへの支援を始めるきっかけとなることはよくあることです。

2.「立ち話」と「会議」を組み合わせる

　職員室での立ち話で支援のきっかけができるという話はいかにも日本的なやりかたであるかもしれません。こうしたやり方は、小学校などのようにクラス担任の先生が多くの時間を指導する場所では、とても有効です。それは、小学校ではクラス担任の先生の考え方を少し変化させるだけで、支援を必要としている子への対応が変わることがあるからです。

　一方で、中学校のような教科担任制の学校ではどうでしょうか。クラスの担任であっても、週に数時間しか授業がない中学校では、一人の人を変えてもあまり大きな効果が得られないことがあります。こうした学校では、学校全体で会議（事例検討会）を開き、ある程度共通した指針を形成していくほうが効果的だと思われます。

　小学校と中学校の違いはあくまでも「例」です。小学校でも、大規模な学校では組織的対応が必要なケースはありますし、逆に中学校でも職員室での立ち話から子どもへの支援が開始されるケースも存在します。学校で困難を抱える子どもへの支援は、職員間の公式・非公式な話し合いを通して「人と人のつながり」を形成していくことが必要であり、かつ、そのつながりを「組織的対応」へと発展させていくことが大切です。

3.「一人で抱え込まない」が原則

　発達障害児や被虐待児、不登校児への支援を考えるときに、私たちが決して忘れてはいけないことは、「子どもも困っている」し、「保護者も困っている」、そして「担任教師も困っている」ということです。困難を示す子どもを受け持つと、その子に関係した人すべてが「自分の力量がないから…」と自分を責める傾向にありますが、「誰が悪いのか？」という犯人探しは問題解決につながりません。

　そうではなくて、「みんな困っているのだから、みんなで助け合おう」というふうに考えることが大切です。「一人で抱え込まない」を原則にして、複数の人ができる範囲でいろいろなアプローチをすることで、子どもや保護者との距離（関係性）を変化させていきましょう。

　困難を抱える子どもへの支援に「正しい答え」というものはありません。そのときの職員集団が知恵を出し合い、試行錯誤の中で、結果が見え、残された課題について検討することを繰り返すことが「ケース・ワーク」です。

File 2

困難の背景がわからない

小学生　落ち着きがない　攻撃性

　B児は小学校5年生であるが，とても落ち着きがなく，授業がつまらなくなるとフラフラと歩いて教室を抜け出してしまうことがある。忘れ物が多く，学習に参加できる時間が少ないためか，文字の習得に時間がかかる子どもであった。B児の調子が良いときであれば友達と楽しく遊ぶことができるのだが，何かイライラするような態度を朝から示している日もあって，こうした日には必ずといって良いほど友達とトラブルを起こしていた。友達とのトラブルは口げんかですめばよいほうで，時には手が出たり，足蹴りをしたりする子どもであるので，B児の調子が悪い日には，担任教師は休み時間も教室にいることにしていた。
　クラスの中に，一人，相性の悪い子がいて，その子にちょっかいを出されるといつもケンカになる。この前は，何もされていないのに，「前になぐられたのを思い出して，キレた」とか「やられる前にやらないと，俺もつぶされる」などの理由から，その子に飛びかかったときがあった。B児がキレているときは目つきが変わり，おだやかにしているときとは別人のようであった。
　B児の担任教師は特別支援教育コーディネーターに対して，次のような問いかけをしてきた。「私はこういう子どもの特徴を本で読んだことがあります。B児はADHDの特徴によく当てはまっていると思うのですが，先生はどう思いますか？」

相談場面

- 学級担任から特別支援教育コーディネーターへ
- 「少し気になる子がいるので相談にのってほしい」と言われた。
- 特別支援教育コーディネーター自身も気になっている子どもであったので，校内委員会に出してケース検討をすることにした。

File 2　困難の背景がわからない

1　困難の背景をさぐる
- 事例を読んで，気になった箇所に下線を引いていきましょう。
- こうした「困難」が生じている理由を列挙してみましょう。
- 下線を引いた「気になる箇所」について，対応方法を考え記入しましょう。

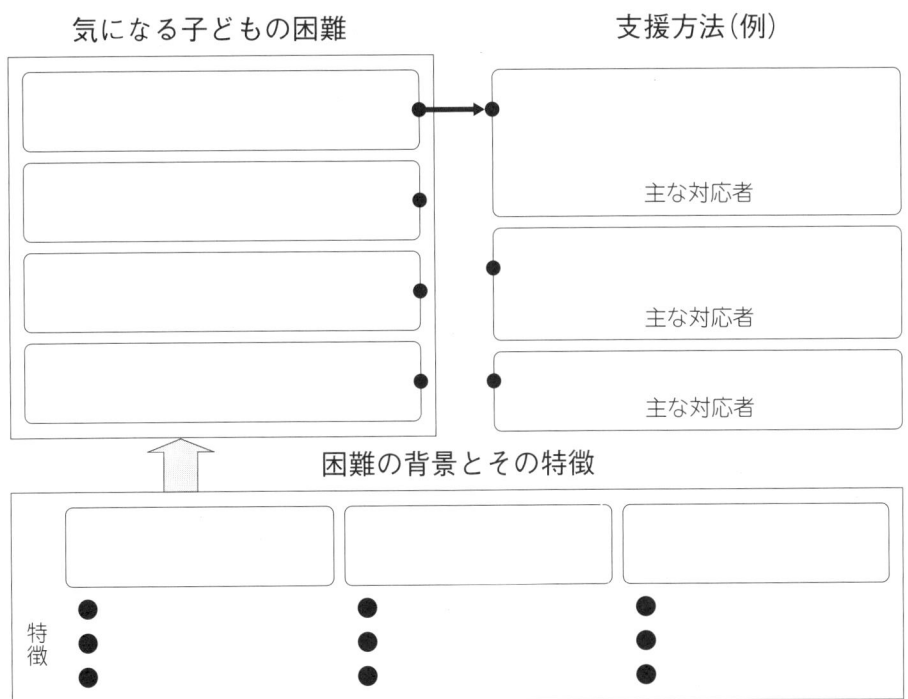

気になる子どもの困難　　　　支援方法（例）

主な対応者

主な対応者

主な対応者

困難の背景とその特徴

特徴

ケース検討のポイント！
- あまり細かく困難を列挙しても背景が見えにくくなることがあるので，ポイントとなる言動を3つ程度，挙げる。
- 困難の背景は，「環境要因」と「固体要因（障害など）」の2つの側面から考える。「障害」については「障害名」を記す。
- 困難と支援の対応関係を矢印で結ぶ。困難に対して支援方法が必ずしも1対1に対応しなくて良い。

Chapter 1 「気になる子ども」のケース検討の方法

2 ケースを見つめる教師の「眼」

1. 子どもの「行動」には「メッセージ」が隠れている

　A児のケースは、「行動上の困難」と「学習上の困難」が混在しているケースであり、「発達障害」であるのか、それとも家庭環境が大きく影響しているのかは、ケースを読む限りではわかりません。こうした場合には、「何となくADHDかも…」といった憶測で支援方法を考えるのではなく、教師は子どもの困難の背景に何があるのかを大まかに捉えられるようになることが大切です。

　教師が「何となくADHDかも…」といった憶測を抱くのは、子どものいくつかの具体的な行動を想像してのことだと思います。発達障害児の教育相談を行っている専門家もケースの「気になる行動」を頭の中で整理して、「この子には障害があるか？」「家庭ではどんな様子なのだろう？」というように、困難の背景にあるものを想像しながら相談を進めています。

　そのため、教育相談においては、ケースの特徴を整理し、子どもの「気になる行動」を列挙するところから始めましょう。その上で、困難の背景を予想し、支援の方法を具体的に考えていくことが大切です。子どもの行動には何か意味があり、それを「子どものメッセージ」として教師が理解することが、支援方法を考える第一歩となります。

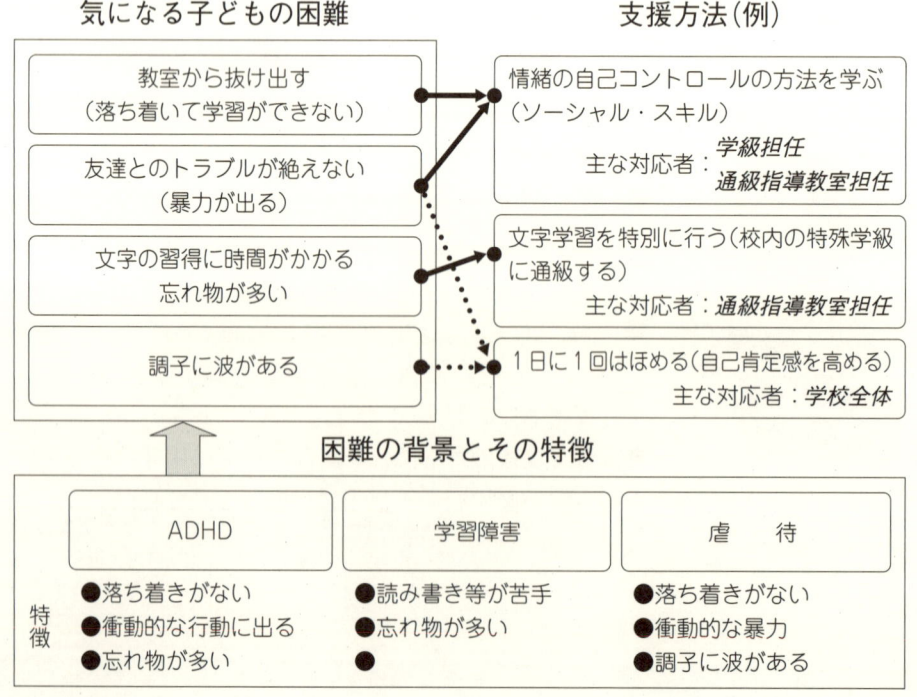

2. 子どものどこに注目するか？

担任教師が報告するケースは，必ずしも子どもの困難が整理された内容であるとは限りません。とりわけ，支援方法が見出せず，毎日子どもと悪戦苦闘している担任教師からは，子どもの困難ばかりではなく，保護者に対する思いや担任教師自身の不安や愚痴なども多く聞かれることでしょう。発達障害児の教育相談では，こうした相談相手からの「雑多な情報」を整理して「問題の核心はどこにあるか？」を瞬時に見極める力が必要です。

しかし，どんなに力量のある教育相談員でも，雑多であいまいな情報からすべてがわかるものではありません。むしろ，上手な教育相談員は問題の核心をつかむための「問いかけ」をいくつももっているものです。これは，相手から必要な情報を引き出すノウハウのようなものです。

A児のケースでは，子どもの困難が「障害」によるものであるか，あるいは「虐待」などの「環境要因」によるものであるかは「わからない」状態でした。子どもが学校で示している「落ち着きのなさ」に対しては，「障害」があろうと「虐待」が影響しているのであろうと基本的な対応は同じような内容になるかもしれません。しかし，子どもに支援を提供するときの「方針」の部分では大きく異なってくるでしょう。

「障害」による困難か，「環境」の影響で生じている困難かについては，以下の点を確認（追加質問）しながら，判断するとよいと思われます（被虐待児の特徴と支援方法については，File 11 を参照）。

> ① 子どもの調子に波はありませんか？
>   被虐待児は月曜日や長期休暇明けに状態が悪いなど，調子に波があることが多いが，発達障害児はある一定の条件下で同じような困難が生じる。
> ② 学校と家庭で同じ困難を示しますか？
>   発達障害児の場合は，家庭でも学校でも同じような状態が見られるが，被虐待児の場合は「家庭では良い子」だが「学校では落ち着きない」ことが多い。
> ③ 「家庭」での様子に不自然さは見られませんか？
>   発達障害児は保護者に家庭の様子を聞くと家庭生活をある程度想像できるが，被虐待児は家庭での様子を話しているときに不自然な言動が目立つ（ご飯食べたか覚えていない等）。

Chapter 1 「気になる子ども」のケース検討の方法

3 「実態把握」のためのチェック項目

1. 障害・病気の有無（複数項目該当する場合は要配慮）

①学習障害児の特徴
☐ 全般的な遅れがない（必須）
【読み書き】
☐ 画数の多い文字の覚えが悪い
☐ 鏡文字がなかなか直らない
☐ 文章題の意味がわからない
【空間認識】
☐ 同じ行を読んだり，行を飛ばしたりする
☐ 協調性の動きがうまくできない（不器用である）
☐ 距離感がうまく捉えられない（例：ボール運動が苦手）
【生活上の特徴】
☐ 整理整頓が苦手
☐ 話の応対が苦手
☐ 友達づきあいが苦手
☐ 話したいことがあるのに表現のレパートリーが少ない

② ADHD 児の特徴
①～③のすべてに該当する項目がある
【①不注意】
☐ 順番に行う活動が苦手
☐ 注意が散漫で集中力がない
☐ 物をよく失くす，忘れ物が多い
☐ 幼少期に物によくぶつかった
【②多動性】
☐ 授業中に離席する
☐ 身体のどこかが常に動いている
☐ 順番をまつのが苦手
【③衝動性】
☐ 突然怒り出す，人を叩いてしまう
☐ 人の話しをさえぎったり，話の途中でも自分の話しを始める
【④以下の2つに該当する】
☐ 幼稚園の頃から上の①～③が見られた
☐ 学校と家庭など2つ以上の場所で同じ様子が見られる

③高機能自閉症児の特徴
【人との関わりが苦手】
☐ 目線が合わないことが多い
☐ 相手の意図を読み取れない
☐ 気持ちをうまく表現できない
【コミュニケーションが苦手】
☐ 会話を続けるのが苦手
☐ おうむ返しや独り言が多い
☐ 冗談が理解できない
☐ 間合いが取れず，会話の途中でも話し始める
【こだわり・固執性がある】
☐ 強くこだわっているものがある（例：順番など）
☐ 空想の世界にふけることがある，一人遊びを楽しむ
☐ 知識が機械的で応用できない

④心身症の症状
☐ 学校・家庭でストレスがある（必須）
☐ 学校に行きたがらない
☐ 家に帰りたがらない
【ストレスに連動した身体症状がある】
☐ 登校時に頭痛・腹痛を訴える
☐ チックが見られる
☐ 小学生以上の子どもで夜尿がある
☐ 吃音がなおらない
☐ 不眠・寝つきが悪い
☐ ストレスがかかると喘息発作が頻発したり，アトピー性皮膚炎が悪化したりする
☐ 極度の過食（肥満）や食欲不振
☐ 円形脱毛症や多汗症がある

教室で見かける子どもの様子から，該当すると思われる項目をチェックしてください。なお，このチェックリストはあくまでも「要配慮」な子どもであるかどうかを判断する場合に用いるものであり，このチェックリストをもって障害を「断定」することは避けましょう。

2. 学校・家庭の環境

①学校での子どもの様子
【不登校】
☐ 朝，学校に行きたがらない
☐ 夕方になると元気になる
【友人関係】
☐ 人前に立つと話ができない
☐ 仲間はずれにされることが多い
☐ いじめられた経験がある
以下，被虐待児の学校での特徴
【身体的・心理的虐待】
☐ バカ・死ねなど暴言が多い
☐ 人の物を取ったり隠したりする
☐ 生活リズムが乱れている
☐ 弱い友達をいじめる
☐ 学習意欲がとても低い
☐ 夜遅くまで家に帰らない
【ネグレクト（養育放棄）】
☐ 毎日同じ服を着てくる
☐ 朝食・夕食のメニューが言えない
☐ 給食のときおかわりしないと気がすまない
☐ 人の物を勝手に持ってきてしまう
☐ 言語・身体の発達が遅い
【その他】
☐ 大人が近づくと防衛姿勢をとる
☐ 自己肯定感がとても低い
☐ 嘘を並べて自分を正当化する
☐ 落ち着きがなく活動が持続しない
☐ すぐにキレやすく情緒不安定

②家庭の状況
【生育歴】
☐ 小さい頃，あまり遊ばなかった
☐ 病気等のため社会経験が不足している
☐ 引越し・転校を繰り返した
【親の養育態度】
☐ 厳しい言葉を子どもに浴びせる
☐ 悪いことをしたとき体罰を加える
☐ 子どもを置いて家を空けることが多い
【親の生活態度】
☐ 給食費等の支払いが滞る
☐ 夜間に家にいない
☐ 学校に対する嫌悪感がある
☐ 家の中がとても汚い

　上記の項目に複数チェックが入った場合は要配慮です。これらの項目は，新井英靖・茨城大学教育学部附属養護学校編著（2005）『CD-Rで理解する　気になる子どものサポートシステム』（中央法規出版）を改変しました。要配慮の子どもの具体的な支援方法については，『気になる子どものサポートシステム』（中央法規出版）を参照してください。

Chapter 1 「気になる子ども」のケース検討の方法

4 「落ち着きのない子」の支援方法

1. 「落ち着きがない」とはどういうことか？

　近年，脳科学が急速に進展し，「落ち着きのない子」の原因（メカニズム）が少しずつ解明されてきました。たとえば，注意欠陥多動性障害（ADHD）と言われる子どもは，神経内を流れる（伝わる）命令（神経伝達物質）が円滑に流れにくくなっていると指摘されています。こうしたことが原因で，ADHD児は一つの活動を持続することが苦手（注意集中が困難）であり，また，衝動的な気持ちを上手に抑制することが苦手であると考えられています。

　こうした脳内メカニズムの説明は，単に障害の原因を解説するだけでなく，支援方法を考える際にも有効です。たとえば，注意を持続させることが難しいADHD児は，「命令」（神経伝達物質）が流れにくくなる特質をもっているのだから，命令が神経をうまく伝っていくことができるように，教師がうまく「声かけ」をして，子どもが自分の行うべき活動を十分に意識できるように配慮するなどが支援方法として考えられます。また，衝動的な気持ちを抑制する命令が流れにくくなっている子どもがいたとしたら，教師は気持ちが高ぶっている子どもに「深呼吸」をさせるなど，子どもの気持ちが静まるような働きかけをすることが有効な支援方法であると考えられます（右図参照）。

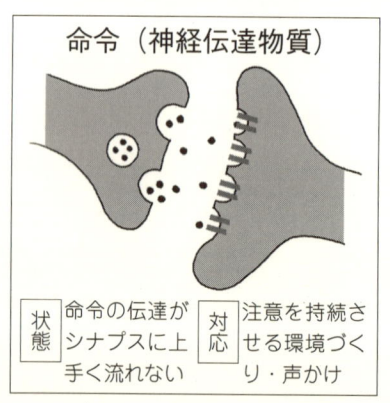

　これらの支援方法はほんの一例にすぎませんが，こうした子どもの内面で生じているメカニズムを教師が理解し，支援方法を考案していけば，少なくとも「ちゃんとやりなさい」とか「我慢しなさい」と言うだけの精神主義的なアプローチを取ることはなくなるでしょう。

2. 「振り返る」中で学ぶ

　適切な支援方法を繰り返せば，子どもたちは「こうすればうまくいく」ということを経験することができます。学校教育では，こうした経験を積み重ねることが何よりも大切であり，また，そうした経験を繰り返すことができるような支援計画を立てて，組織的に対応することが大切です。

　特に，感情のコントロールがきかなくなり，パニックを起こしたり，暴れたりするような子どもに対しては，「適切な行動を教える」という考え方ではな

く,「自分の行動を振り返らせる」ことが大切です。具体的には,以下のようなステップをふんで,子どもに自分の感情を「自己コントロール」することができる力を身に付けていくことが求められます。

　まず,教師は子どもが感情を暴発させるときの「兆候」をつかむことからはじめます。身体を震わせたり,うなり声をあげるなど,子どもによってその兆候はさまざまですが,心身の変化からその兆候を見極めることができることが多くあります。ただし,これは,子どもが何度か感情を暴発させてしまったあとに,教師自身が振り返る中で見つけ出すものです。

　そのため,何度か感情を暴発させてしまうような場面に教師は出会い対応を迫られます。子どもが感情を爆発させているときの対応は,気持ちを落ち着かせることを優先させることです。教師は危険物を排除し,「ことば」で説得しようとばかりせず,心身に働きかけるような穏やかな口調で対応することが原則です。

　そして,平常心を取り戻したところで,子どもに自分が取った行動を振り返らせます。このとき,叱責するのではなく,あくまでも「どうすれば良かったか？」を考えさせることが重要です。こうした「振り返り」を繰り返していくうちに,再び,感情を暴発させる「兆候」が見られたら,振り返りの中で子ども自身に考えさせた対応方法を思い出させ,実践させ,感情をコントロールできるように導いていきます。

　「自己コントロール力」が身に付くまでには,早い子どもでも半年から1年くらいかかると考えておいた方が良いでしょう。上記のような「振り返り」の方法を学校で統一して対応できているところでは,子どもの「自己コントロール力」は早期に身に付きます。そのため,校内で統一した方針を保てるようにするための「落ち着きのない子の行動支援計画」を作成して対応することが大切です。

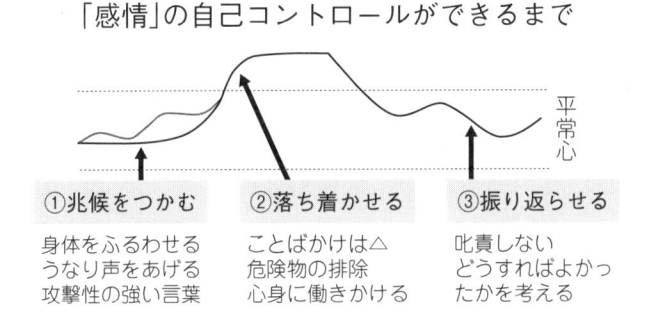

「感情」の自己コントロールができるまで

　　　　　　　　　　　　　　　　　　　　　　　平常心

①兆候をつかむ	②落ち着かせる	③振り返らせる
身体をふるわせる うなり声をあげる 攻撃性の強い言葉	ことばかけは△ 危険物の排除 心身に働きかける	叱責しない どうすればよかったかを考える

Chapter 1 「気になる子ども」のケース検討の方法

5 「支援方針」を立てて一貫したアドバイスをする

① クラスに衝動的な行動を取る子どもが2人いて，毎日のようにこの2人がけんかをしています。この2人にどのように指導したら，けんかをせずに過ごすことができますか？

確認すること
教師へのアドバイス

② 家庭で親が子どもに厳しく当たっているようで，子どもは学校ですぐに不安になり，活動に集中できないでいます。こうした親にどのように言って，子どもへの対応を変えてもらったらよいでしょうか？

確認すること
教師へのアドバイス

1.「アドバイス」の前に確認すること

　File 2では，「落ち着きのない子の支援方法」を取り上げてきました。ここで述べてきたことは，子どもが示す行動上の特徴からその背景を探り，原因を見つめた上で対応方法を考えることが重要であるということでした。
　この原則を意識して，上の①と②のような2つの「相談場面」を考えてみましょう。「①2人の衝動的な子ども」のトラブルも，「②子どもに厳しく当たっている親」への対応も，相談をしに来た人からは相談したい内容が明確になっています。しかし，この情報だけで的確なアドバイスができるとは限りません。
　たとえば，①ではトラブルを起こしているA児とB児の2人がいるという話でしたが，「A児が常にB児にちょっかいを出していて，B児がそれに耐えられなくなってけんかが生じている」のか，「A児とB児の両方が影響を与え合ってけんかに発展している」のかを確認する必要があると思われます。なぜなら，この違いによって，「A児への指導」を優先させるのか，「2人への指導」を同時に行うのかが違ってくるからです。

このように考えると、ケース検討を進める際に重要なこととして、相談されているケースを正確に理解するための「確認（追加質問）」の技能が必要になってきます。「確認（追加質問）」が的はずれなものであったり、重複するような話であったりすると、ケースを理解するのに時間がかかり、適切なアドバイスをする前に終了時刻を迎えてしまうということになってしまいます。そこで、教育相談担当者は問題の本質を短時間でつかむために、精選された質問ができるようトレーニングを積むことが必要です。

2. 一貫した支援をするための「方針」

　こうしてケースの特徴を理解したら、具体的に支援方法についてアドバイスをすることになりますが、アドバイスの最初から最後まで一貫した支援となるように、「支援方針」をもっていることが大切です。この「支援方針」は相談に訪れた人と話し合いながら決めていっても良いでしょうし、教育相談担当者の心の中でもっているものでも良いでしょう。

　「支援方針を考え、アドバイスを提供する」。これは、教育相談において「当たり前」のことかもしれません。しかし、相談をしに来た人の話しを聞きながら、子どもや保護者がどのような状態になることが理想的であるかを想像し、わかりやすい「支援方法」をアドバイスするというのは思いのほか難しいことです。ケースの細部に目がいっていると、アドバイスが最初と最後で矛盾した話になっているということにもなりかねませんので、注意が必要です。

〔確認事項とアドバイスの例〕

① 2人の衝動的な行動を取る子ども

【確認すること】　A児が常にB児にちょっかいを出していて、B児がそれに耐えられなくなってけんかが生じているのか？　A児とB児の両方が影響を与え合ってけんかに発展しているのか？
【教師へのアドバイス】　A児・B児ともにADHD等の発達障害の疑いがあり、即座に解決できる見通しがもてないなら、できる限り同じ班などにならないように、2人を物理的に遠ざける。

② 子どもに厳しく当たっている親

【確認すること】　子どもに育てにくい特徴（たとえば、発達障害等）があって、保護者がイライラしているのか？　保護者がもともと支援の必要な人（親に精神的な疾患がある等）なのか？
【教師へのアドバイス】　保護者がもともと支援の必要な人なのであれば、保護者を「指導」しようするのではなく、子どもの良いところをたくさん伝えて、保護者に心理的なゆとりを与える。

File 3

校内委員会で支援方法を検討する

小学生　落ち着きがない　外国人の子ども

　小学校3年生のC児の母親は東南アジアの人で、父親は日本人であるが、C児が生まれてまもなく家から出て行ったため、乳幼児から母子二人で生活してきた。C児の母親も日本語がたどたどしく、家では日本語と母国語の両方を使っているようだ。経済的にはあまり恵まれている家庭ではなく、母親は生計を立てるために、夕方から夜にかけて仕事をしている。C児は家で放っておかれることも多く、宿題をやってこなかったり、忘れ物が多かった。

　C児は家では比較的落ち着いているが、小学校では日本語を十分に使いこなすことができないので、国語や算数はほとんど理解できない。身辺自立等の日常生活はあまり問題なく、知的障害ではないが、「落ち着かない」「叱ると泣きじゃくり、時々パニックを起こす」など情緒面ではときどき混乱が見られた。友達と一緒にゲームをしても、長続きせず、負けそうになるとゲームを投げ出してしまったりする。そのため、友達からはあまり好かれておらず、C児のことをときどき仲間はずれにしたり、からかったりする様子が周囲の友達から見られていた。しかし、C児が友達の悪口を言ったり、手を出したりすることはほとんどなく、基本的には穏やかなよい子であると思われる。学級担任としてはC児が落ち着いて学習に取り組めるようにするとともに、C児に対する友だちの関わりが「いじめ」に発展しないように注意することが必要なケースであった。

相談場面

● 担任教師から特別支援教育の巡回相談員に対する相談。
● 「こういう子どももADHDというのでしょうか？」と担任教師から質問を受けた。

File 3　校内委員会で支援方法を検討する

1　支援資源をさがす

- 日本語がわからないことによる困難が情緒面にどのような影響を与えるのかを考えてみましょう。
- 子どもが示している困難に対し，学校内外の支援資源を探してみましょう。

認識面の困難
①日本語がうまく話せない
②そのことによる学習の遅れ
③友達とのコミュニケーションの困難

情緒面の混乱
言語が情緒面にどのように影響するか？

1．学校や学級での支援

	情緒の安定を図る支援
	周囲の子どもたちには？

2．学校外の支援資源

ケース検討のポイント！

- 日本語が話せないために情緒が混乱するメカニズムを考えて，まとめてみましょう。
- C児の困難に対してどのような対応が必要であるかを考え，学校内外でどのような支援を提供できるか考えてみましょう。
- 校内委員会で，具体的な支援方法を検討するばかりでなく，外部機関との窓口になる人を検討したり，個別の指導計画を誰が中心になって書くかについても話し合いましょう。

2 ケースを見つめる教師の「眼」

1.「ストレス」の多い環境から解放する

　日本語があまり上手ではない外国籍の親に育てられた子どもは，幼稚園や小学校で情緒不安定となることがあります。それは，表現力が乏しいためにストレスをためやすく，落ち着きのない行動が生じているからです。こうした子どもの困難の原因を取り除くには，「日本語力の向上」が不可欠ですので，保護者の了解を得ながらどこかの時間に抽出して日本語を教えることが必要になります（日本語指導クラスがある地域であれば，そこに通うことも一つの方法です）。特に，「予定がわからない」「明日の準備物がわからない」などにより，日々ストレスがたまっていることが予想されるので，日常生活の流れをわかりやすくする支援を提供することも有効です。

　一方で，情緒の安定をはかる試みも大切です。発達障害児と同様に，「ほめる」機会を増やし，自己肯定感を増すことが大原則です。あわせて保護者の居場所づくりも大切でしょう。地域の保護者が参加している活動の情報を伝えて，保護者の仲間を作ることも子どもの情緒の安定につながります。

認識面の困難	情緒面の混乱
①日本語がうまく話せない ②そのことによる学習の遅れ ③友達とのコミュニケーションの困難	表現できないことによるストレスがあり，達成感や満足感が少なく，人間関係も不安定なために，落ち着きがなくなる

1. 学校や学級での支援

日本語の指導（部分的に抽出して指導することも含む）	役割を与えてほめる（自己肯定感を高める）
要求手段の確保（日常的に使用できる簡単な表現力の指導）	「人はみな違って良い」という価値観「差別的な言動は許さない」という学級の運営方針を教師の口からはっきりとクラス全員に伝える
予定などの視覚的支援（見てわかる環境づくり）	

2. 学校外の支援資源

日本語指導クラスなどへの通級	地域のサークル（保護者の居場所づくり）

2.「落ち着きのない子」を理解する

「落ち着きのない子」＝「ADHD」と考えるのはとても短絡的な見方です。「落ち着きのない状態」というのはさまざまな原因により起こりますので、それをすべて「障害」と考えるのではなく、「落ち着きがなくなっている原因・理由」を事例から「読み取れる」ようになることが教育相談員に求められる専門性です。

C児がADHDでないことは、ADHDの診断基準を大まかに知っていれば比較的わかりやすいと思います。C児のケースを想像しながら、ADHDの診断基準である以下の3点をチェックしてみましょう。

---
1. 不注意　多動性　衝動性　の特性を有していること
2. 家庭と学校などの2つ以上の場所で同じ状態が見られること
3. 7歳以前にその兆候が認められること

C児の行動特徴は「忘れ物が多い」「落ち着きがない」など「不注意」や「多動性」が見られますが、「友達に手を出したりすることはあまりない」というように衝動的な言動は少ない子どもでした。また、C児の落ち着きのなさは小学校低学年から見られますが、家庭では「比較的落ち着いている」など、ADHDとは考えられない特徴が見られます。

このように事例を分析していくと、C児はADHDの診断基準に合致しません。もちろん、教師の見立てだけで「ADHDではない」と断定することはできませんが、少なくともC児の場合は、当面の対応方針を決めるにあたって「ADHD」として考えるよりも、「日本語力が不十分なために生じている情緒不安定」であると考えることが妥当であると思われます。

ケースを分析して対応方針を立てたら、実行することになりますが、数カ月間の指導・対応をしてみたところで支援を見直すことも大切です。3カ月から半年たっても子どもの状態があまり改善していないようであれば、ケース検討の誤り、すなわち困難の背景を見誤っている可能性もあります。その場合には、初期の頃に判断に迷ったこと（たとえば、C児であればADHDかも…といったこと）に立ち返ることが必要になります。こうした一定期間、実践してみてもなお解決の糸口が見いだせないケースでは、地域で活用できる巡回相談や専門家会議などを活用するのが良いでしょう。

Chapter 1 「気になる子ども」のケース検討の方法

3　多文化共生社会を築く

1. 多文化共生社会の中の学校教育

　C児のケースでは，落ち着きがなくなっている理由に「日本語力の不足」を挙げ，その対応として「日本語の補習」を第一に挙げました。しかし，こうした対応には異を唱える人がいるかもしれません。それは，C児にはC児の母国語があり，それを尊重しないで日本語の学習を強いるのは文化的強制ではないか？といった意見です。

　筆者は「日本で生きる外国籍の子どもが少しでも住みやすくなるように日本語の補習は必要」との立場で執筆しましたが，別の観点から考えると，C児が母国語で考え，日本人とは違ったアイデンティティをもつことをむしろ推奨した方がよいのではないかといった考えも一定の説得力があり，決して否定されるべきものではありません。

　ここ数年，日本でも外国籍の子どもが多く通う学校が増えてきました。そうした中で，宗教上の理由から給食ではなく，弁当を持参することを認めるなどは「普通の対応」となってきました。少しずつではありますが日本の学校も「多文化共生」が可能な体制が整ってきたと言えます。

　多文化共生社会を考えるにあたって，「同化」と「異化」という考え方を紹介したいと思います。C児の例で考えると，日本の文化により早く順応するために，日本語を習得させることを「同化」，C児の母国語を尊重し，学校がC児に合わせるように対応を変えることを「異化」と呼びます。

　多文化共生社会においては，「同化」だけを考えたら，それは文化的強制であり，批判の対象になるでしょう。移民の子女が多く通っているイギリスの学校では，イスラム系のティーチング・アシスタントを採用したり，保護者にわたす書類を複数言語で用意したりするなど，学校側が多くの文化に合わせて対応できるようになっています。今後，日本の学校でもこうした「異化」の対応が「特別な対応」ではなく，「普通の対応」になるようにしていかなければならないでしょう。

　C児のケースでも見られたように，外国籍の子どもは「いじめ」の対象となりやすいことも事実です。「いじめ」に発展しないように教師がC児とその周辺をしっかり見ていくことが大切であるのは当然のことです。しかし，学校はそうした悪化を防ぐことをねらいにした対応のみならず，C児の母国の文化をみんなで学んで国際理解を促していくような対策を積極的に講じていくことも大切です。学校・教師が一丸となって「外国人であること」は何ら特別なものではなく，一人ひとり異なる「個性」の一つであることを学校にいるすべての

子どもに伝える努力こそ,「いじめ」防止策の最善の取り組みです。

2.「インクルーシブ教育」の考え方をもつこと

　File 1 において,「特別な教育的ニーズ」という考え方を紹介しました。これは,通常の学校の中で「困難」を抱えるすべての子どもを「特別な支援」の対象児とするという考えを採用するものでした。すなわち,日本の学校教育においても,発達障害のみならず,不登校やいじめ,虐待,非行というようなさまざまな教育問題を抱えており,こうした問題の中で困っている(苦しんでいる)子どもを支援の対象として特別な支援を提供していった方が,学校全体の合意は得られやすいと述べてきました。

　しかし,こうした「特別な教育的ニーズ」のある子どもが抱える困難を取り除くために特別な支援を提供することだけが「特別ニーズ教育」であるとしたら,「特別ニーズ教育」は「同化」のための取り組みということになってしまいます。そして,「特別な教育的ニーズ」のある子どもは,常に学校の最下層,あるいは底辺に位置づけられ,特別ニーズ教育は最下層から標準的な水準へと引き上げるための装置ということになってしまいます。

　欧米では,「特別な教育的ニーズ」に関する議論の中で,以上のような批判も提起されてきました。そして,「特別ニーズ教育」が単なる「同化」とならないように,現在では「すべての子ども」が通常の教育に参加できるように「インクルーシブ教育」を推進する方向へシフトしています。

　「インクルーシブ教育」は,研究者によってその捉え方が多少,異なりますが,以下の点が核心部分です。

> ①　子どもの問題を改善するという発想ではなく,子どもにとって必要な支援資源を提供していくという考えに立脚すること。
> ②　特別な支援を子どもに付加するという考えではなく,学校のカリキュラムや授業を改善し,「すべての子ども」が学習に参加できるようにすること。

　大事なポイントは,「問題にすべきは困難を抱えた子どもではなく,学校や社会を変化させること」です。つまり,「同化」と「異化」の議論の根底に流れている「主流派」と「マイノリティ」という二分法的な考え方を排除し,「すべての子ども」の中に「支援を必要とする人」を包括することがインクルーシブ教育の核心であると考えます。

4 ケース会議の司会者の役割

1. ケース報告者が「得」をする会議にする

「ケース会議」というと、ケースを報告する人がいろいろと資料をそろえ、今後の支援方針まで考えて提案することだと思われているかもしれません。もちろん、そうしたケース会議を繰り返していくことで、ケース発表者の力量はアップするでしょう。しかし、ケースを発表することで職員の資質を向上させるといった目的でケース会議を行うのでなければ、ケース発表者に多くの負担をかけることは得策ではありません。

特別支援教育の分野で整備されてきた「校内委員会」では、「職員の研修（資質向上）」というよりも、「支援方針の共有」を目的としてケース検討会を行い、学校職員全体での「チーム支援」を確立していくことに主眼がおかれています。この点を考えると、ケース発表者に負担をかけない会議の運営方法を考えていくことも大切なことであるかもしれません。

理想的なケース会議は、ケース発表者が子どもの実態とこれまで行ってきた支援を報告するだけで、会議に参加した多くの先生からいろいろなアドバイスやヒントをもらえるといったものでしょう。さらに理想を言えば、学校職員だけの話し合いではなく、外部から専門家を招き、アドバイスを受けられるようなケース会議にすると良いと思います。つまり、ケースを報告した発表者が「いろいろな情報をもらえてよかった」と思えるような、「得」をする会議にすることが大切だと思います。

2.「司会者」の役割を意識すること

ケース会議を開くまでにどのような資料を用意するか、または、一つのケースに対してどのくらいの時間を用意するかなどは、特別支援教育コーディネーターや教務主任などの会議を企画している人に左右されます。会議に際して用意すべき資料があまりにも多かったり、報告者に煩雑な情報を求めて負担をかけたりしないようにすることがケース会議を成功させることにつながります（もちろん、必要な情報が不足しないように配慮しなければならないことは言うまでもありません）。

さらに、ケース会議の成功は会議の進行役である「司会者」の力量にもかかってきます。日本の学校では、正式な会議の場になると意見を出しにくい雰囲気があります。そうした重苦しい雰囲気を打開して、活発な意見交換ができるように働きかけていくことが司会者には求められます。

ケース会議で充実した話し合いができるように、司会者がどのように働きか

ければよいかについては，司会者の立場や性格などにもよるので一概には言えませんが，一般論として言えることは，「発言のきっかけ」をつくることではないかと思います。

「発言のきっかけ」を作る方法としてはいくつか考えられます。たとえば，最初の発言者だけは司会者の側で指名してしまうなどという方法です。最初の発言者とケースの発表者がやりとりをして，意見交換が始まれば，その後は何人もの人が発言するようになったという会議も多く見られます。

また，ケースに関係する人に，その人の立場から話題提供をしてもらうという方法も考えられます。たとえば，ケースに挙げられた子どもが小学3年生の児童であったら，小学1年生と2年生のときの担任の先生に昨年までの様子を話してもらうなどがこれにあたります。過去の担任だけでなく，幼稚園のときの情報を知り合いの先生から入手している先生がいるなら，その先生から幼少期の話を聞き，また，他の学年にきょうだいがいるケースであれば，きょうだいを担任している先生に家庭の様子を話してもらうなど，複数の人の情報を会議の場に集めていきます。こうした情報の集積をしていく中で，子どもの困難の背景，あるいは支援方法が見えてくることも多くあります。

もちろん，「発言のきっかけ」を作るだけでなく，「まとめ」をする段階でやはり「司会者」の力量は問われます。いろいろな人から活発に意見が出されたあとに，結局のところ「今後，どのような支援方針を立てるのか」「学校内の役割分担をどのようにするか」という「まとめ」をすることは重要です。司会者はケース会議の話し合いの結果を個別の指導計画などに記入し，学校全体で支援していく体制をつくっていくことが今後の方向性として大切だという話をして，会議を終了することができれば理想的でしょう。

司会者の役割

(1) 意見交換を活発にするための「きっかけづくり」
・雰囲気を和ませる一言
・最初の発言者を指名して，発言しやすい雰囲気をつくる
・ケースに関わってきた人から情報提供をしてもらうなど

(2) 情報をまとめ，支援方針を確認する
・担任が利用できそうな支援方法にまとめていく
・学校でどのように支援体制を作っていくかを確認する
・個別の指導計画に記入して，担当者が変わっても引き継いでいくことを確認するなど

5 相談に来た人の「気持ち」を見抜く

Q1 （小学生の保護者）うちの子，強く言ってきかせようとするとパニックを起こして暴れます。今はまだ，いいですけど，私より力が強くなったら，どうしたらいいでしょう？

> 保護者へのアドバイス

Q2 （小学校の教師）クラスにADHDの子がいます。こういう子には「絵カード」を使って会話をすることが効果的だと本で読んだことがありますが，本当でしょうか？

> 保護者へのアドバイス

Q3 （幼稚園の教師）クラスに落ち着きのない子がいて，毎日大変です。この子は発達の途上で落ち着きがないのか，障害があるのか，どこで見分けたら良いでしょうか？

> 保護者へのアドバイス

　File 2 では，子どもの困難の背景を知るために，確認（追加質問）をすることについて述べました。こうした確認（追加質問）は，ケースによって「質問内容」が変わりますので，教育相談員の専門性が問われるところですが，これは「経験」をつんでいくことである程度，解消できるでしょう。

　もっと難しいのは，「相談に来た人」の言葉に表れない「気持ち」を見抜くことです。上に挙げたＱ１～Ｑ３は，保護者と教師（小学校と幼稚園）といった立場の違う人からの相談です。もちろん，実際の相談では表情もわかり，前後の文脈もはっきりしていますので，もっと詳しく「来談者のニーズ」を理解することができるでしょうが，ここでは「来談者の雰囲気」をつかむトレーニングをしてみましょう。

　上に挙げたＱ１～Ｑ３を読んで，来談者の言葉にならない心底にある「気持ち（ニーズ）」を想像することはできますか？　この質問に正解というものはありませんが，筆者が相談担当者であったら，Ｑ１の保護者とＱ３の教師のニ

ーズは「不安や混乱の解消」、Q2の教師のニーズは「具体的な対応方法の入手」として大まかに理解し、最初の対応を始めるのではないかと思います。

こうした最初の理解にもとづき、Q1とQ3の保護者や教師に対しては、「子どもはどんな様子なのか？」「幼稚園や家庭ではどんな対応をしているのか？」を聞くことから始め、たくさん話をしてもらい、その都度、「大変でしたね」「頑張りましたね」とこれまでの苦労をねぎらうような「会話」をすることに重点をおいて相談を進めるのが良いと思います。

一方、Q2の教師に対しては、「その情報はどの本から入手したのか？」「子どもにその方法を試してみたか？」など、具体的な支援に関する質問をするのが有効だと思われます。教師が勉強したことに対しては、けっして否定することなく、むしろその努力に対しては賞賛の気持ちを伝えて話をすすめることが大切でしょう。しかし、Q2の教師に対しては、「～については私も同感ですが、○○の点については、確かめてみる必要があるかもしれません」というように、誤った認識をしている箇所や結論を出すにはまだ早いといった点をやわらかく指摘していくことが必要になるかもしれません。

当然のことながら、相談の最後のほうでは、来談者の満足のいく情報を提示しなければなりません。不安な保護者や教師に対しては、「原則」や「方向性」を示しながら、具体的にどのような方法で支援していくのかについて話をすると良いでしょう。一方で、Q2の教師については筆者なりの考えを述べながら、相手の先生の考えを整理することが求められます。

以下にQ1～Q3の相談に対する支援の方向性と具体的な話題についてまとめましたので、参考にしてください。

Q1　【アドバイスの方向性】　自分で気持ちをコントロールできるような力をつけるために、今から関係づくりをしていきましょう。

　　話題　衝動性のメカニズムと抑制機序を平易に説明する
　　　　　子どもへの働きかけの方法を具体的に話す

Q2　【アドバイスの方向性】　子どもにわかりやすいツールを活用することは大切です。子どもの特性を知り、支援方法を考えましょう。

　　話題　認知特性を知る（聴覚と視覚のどちらが得意か？など）
　　　　　視覚的な情報処理が得意であれば、絵カードの利用も良いが、別の方法もいくつか紹介する。

Q3　【アドバイスの方向性】　子どもが困っていることは事実であるので障害の有無の把握とともに、今できる支援を始めましょう。

　　話題　幼児期は障害の有無を明確に判別できないこともある。
　　　　　落ち着きのない原因を探り、それを除去する方法や、コミュニケーション支援の具体的な方法を話す。

Chapter 1 「気になる子ども」のケース検討の方法

> **コラム①**
>
> ### 保護者の話をさえぎれなくて，
> ### 相談を終わらせることができないのですが…
>
> 　教育相談では，相談に来た人が気持ちよく話をして帰ることが一番大切なことです。ですから，保護者が「この人とは，いつまででも話していたい」と思ってくれること自体は決して悪いことではありません。
>
> 　しかし，いつでも話を聞くべきだと言っているわけではありません。教師がクラスで授業をしなければならない時間にまで話をしたいと申し出てきたり，夜間に2時間も3時間も電話で話を聞いてほしいというのでは，その保護者とは関係の改善が必要です。
>
> 　いつでも，どこでも，話を聞いてくれる教師がいるということは，保護者にとってはとても都合のよい先生であるかもしれません。しかし，長期的に見れば，「この先生がいないと何も決められない」という状態になり，今以上に不安を抱える保護者となってしまうかもしれません。そのような理由から，相談を受けた教師は保護者の話をある程度の時間で打ち切り，最後は保護者の判断にゆだねるようにしていかなければなりません。
>
> 　あまりに時間を気にしない保護者で，とにかく何時間でも話を聞いてほしいと思う保護者と応対するときには，「すみません，今日は○時○分ごろまでで…」などというようにあらかじめ時間を決めておくことも必要です。保護者の話が約束の時間を過ぎても終わらないときは，他の教師に声をかけてもらうなど，連携プレーが必要な場合もあります。
>
> 　また，相談を担当する教師を複数にして，片方の教師が時間を見ながら，話題を変えるなどして相談を進めていく方法もあります。こうすると，一人で話を聞くよりも，話題を分節しやすくなり，一定の時間で話をまとめることができます。
>
> 　また，教師は保護者が何を話しているのかわからなくなってしまっているときなどに助け舟を出すことも考えておかなければなりません。「そういえば，あのときのことはどうなりましたか…」などというように，別の話に切り替えるひとことを用意しておくと役に立つときがあります。
>
> 　教育相談とは，相談に来た人が自分の考えを整理し，次に自分は何をするべきかを考え，選ぶことができるように援助することです。話を終えることができずにいつまででも自分の話を続けている保護者は，結論が自分の中でも見えずにもがいていると捉えることもできます。そういう意味で，教育相談とは，保護者の話を聞きながら，保護者の精神的な自立を促していく支援なのではないかと考えます。

Chapter 2
「気になる子ども」の理解と支援

Chapter 2のポイント

子どもを変えるのではなく，教師が変わる

1.「子どもの気持ち」を想像する

　通常の学校の中で特別な支援を必要とするケースの相談を受けていると，子どもが一方的に悪いわけでもなく，かといって教師が何も支援していないというのでもなく，そうした中で手詰まり感が広がっているケースも多々，見受けられます。こうしたケースについては，誰が悪いのかと考えるのではなく，「子ども」と「教師」の間に「ずれ」が生じていると考えることが必要です。

　Chapter 2では，こうした「ずれ」が生じているケースの検討をしたいと思います。特に，「子ども」と「教師」の間に「ずれ」が生じる背景に何があるのか，そして，その「ずれ」を埋めるためにどのような方法があるのかについて述べていきたいと思います。

　まず，「子ども」と「教師」の「ずれ」に着目するために，私たち教育相談担当者がどのような点に注意していかなければならないかを考えてみたいと思います。たとえば，下のようなケースでは「教師」と「保護者」の捉え方に大きな違いが見られることも考えられます。

> A君の実態：授業に集中できなくて，教室からふらふらと出て行ってしまう。

> 教師：A君が授業中に教室から出て行ってしまうのは，集中力が他の子どもに比べてないのかもしれません。

> 保護者：家ではあまり強く勉強しろとは言いません。好きなことをしているときは夢中になってやっています。

　このように，「子どもの困難」「教師の見解」「保護者の考え」を並べてみると，ケースの分析がやりやすくなります。Chapter 1では，こうしたケースの分析方法を解説してきました。しかし，こうした整理をしていく中で，忘れてはならないことがひとつあります。それは，「子どもの気持ち」です。

　上の例で言えば，「授業が面白くない」から教室から出て行ってしまっているのかもしれません。こうした捉え方が少し極論であるというのなら，「子どもにわかりやすい授業になっていたか？」という問いかけに変えて教師の対応をふり返ってみましょう。

　通常の学校では，1学級に平均して30人前後の子どもが在籍しています。クラスには，多くの場合，教師が1名です。こうした状況の中では，教科書に

即してある一定の進度で授業を進めていったら，子どもによっては「わかりにくい授業」と感じることがあっても仕方のないことだと考えられます。しかし，これは教師の側から見たものです。子どもの側から見れば，「わからない」内容で，「速すぎる」進度の授業が朝から始まったら教室から出て行きたくなる気持ちになるというのもある程度，理解できます。

そこで，「教室から出て行こうとする子どもの気持ち」を考えてみましょう。これには「正しい答え」というものはありませんが，思いつく順に列挙しても主に次のような理由が考えられます。

> 理由①：授業がわからなくなって，教室にいるのがいやになった。
> 理由②：教室の友達や雰囲気が居心地の良いものではなく，教室から出た。
> 理由③：授業よりも魅力のあるものが，学校の中（教室の外）にあった。

理由①であれば，教師は授業展開や学習方法について工夫をしていくことが必要です（学習支援の具体的な方法については，Chapter 3を参照）。子どもによっては，「勉強が嫌だった」という理由だけでなく，理由②のように友達との関係や教室の雰囲気があまり居心地の良いものではなかったなども考えられます。こうした理由の中には，友達に冷やかされたなどというような人間関係のトラブルが原因であるかもしれませんし，感覚の過敏性があって「音楽室は嫌」などといった気持ちをもっているかもしれません。こうした場合には，「授業の工夫」だけではなく，学級経営を考えなければなりません。また，感覚の過敏性に起因する困難であれば，教室空間の環境整備などの対応が必要となります（感覚の過敏については，71-72ページを参照）。

一方で，理由③のように，教室での学習以外に強い興味のあるものが学校に存在していて，そちらに気をとられて授業に参加できないケースも考えられます。こうした場合には，「約束を決めて，休み時間にだけ行くようにする」などの対応方法が考えられます。このように，「子ども」の側から困難の理由を見つめていくことが対応策を検討する重要な要素となります。

2.「ずれ」の背景にある「文化性」

「教師」の目から見た常識的判断と，「子ども」の気持ちの間で「ずれ」が生じてしまうということは良くあることです。この「ずれ」は，ときに「教師」が一生懸命になればなるほど大きくなることもあります。もちろん，人と人との間の「ずれ」は，人間であれば誰しもあることなので，教師の問題とも言い

切れません。むしろ，こうした「ずれ」を客観的に捉え，大局的な見地から問題を整理して対応方針を立てていくことが大切なのであり，教育相談担当者の腕の見せ所であると捉えるべきでしょう。

「ずれ」を埋めるための方策を考える際に大切なことは，「教師」と「子ども」の間に存在する「文化性」を意識することです。特に「教師」は「学校」に存在する「文化性」，たとえば「勉強は真面目に取り組む」とか「給食は残さず食べる」などの暗黙のルールに縛られていることが多いので，そのルールに従うことができない子どもとの間に「ずれ」が生じやすくなります。

学校の「文化性」にうまく合わせられずに苦しんでいる子どもの一例として心臓病児の困難を挙げてみたいと思います。心臓病児は階段の昇降や長距離の歩行に困難があることは容易に想像がつくでしょう。体育や運動会，あるいは宿泊学習などにおいて特別な配慮が必要であることは言うまでもありません。そうした点については，学級担任や養護教諭が気づき，対応策を検討してくれる学校も多く存在します。

ところが，心臓病児の学校生活に関して，もっと身近なところに困難が見られたりします。たとえば，自分のクラスが4階や5階の教室になってしまうと教室に入るまでに疲れてしまうことなどです。1日のうちに音楽室や理科室への移動が何度かあり，そうした特別教室が別棟の2階とか3階にあったとしたら，1日に何度も階段の昇降をしなければなりません。加えて，教科書や学習教材の持ち運びにも大きな負担がかかっている心臓病児がいます。学校から家庭まで歩いて通うだけでも精一杯の心臓病児が1日5時間分の教材を持ち運ぶというのは，相当な体力を消耗してしまいます。

こうした心臓病児に対して，教室を1階にするといった対応が学校にできるかどうか，あるいは教材を保護者に2つ用意してもらい，ひとつは学校に置いたままにしておいて良いという配慮ができるかどうか，がポイントとなります。このとき，教師が学校に潜む「文化性」に縛られていると，「小学校では高学年になると4階に上がるのがみんなの憧れなのだから，一人の子のために1階の教室にするのはどうだろうか？」とか，「みんな苦労して教材を家まで持って帰っているのだから，一人だけ特別扱いをすることはできない」といった意見が出されないとは言い切れません。

学校や教師が一人の身体的困難に十分な配慮ができないでいるところでは，心臓病児をはじめ「すべての子ども」が楽しい学校生活を送ることはできません。通常の学校で何らかの配慮が必要な子どもは，そもそも学校が保有している文化性にうまく適合できないから困難が生じているとも考えられます。これを子どもと学校・教師の間の「ずれ」として認識するのなら，子どもを変えるのではなく，まずは教師・学校の側が変わらなければならないのではないかと考えることに一定の妥当性があるのではないかと考えます。

発達障害児の困難に関しても同様です。教室から出て行ってしまうADHD児の例でも，ADHDという障害だからと考えるのではなく，教室にいたくない理由が子どもの中にあるのだろうと考えることが大切です。そのため，私たちがまず始めにすべきことは，「子どもの気持ち」を想像し，教師・学校サイドで何か工夫できることはないかを検討することだと考えます。

3.「ずれ」を解決する方策は？

　それでは，こうした「ずれ」をどのようにして解決していったらよいでしょうか。ここで大切になるのは，教師や学校の「ポリシー（方針）」です。どのようなポリシーをもって学校・教師は教育活動を展開していくかということを考えることが大切です。

　先の例で，「一人のために全体のやり方を変えることはできない」というのも一つのポリシー（方針）です。一方，そのように考えたのでは「すべての子どもが楽しい学校生活を送れない」と考えるなら，新しいポリシーが生まれてきます。すなわち，「すべての子どもが楽しいと思える学校をつくる」という理念にもとづき，「学校・教師の対応を柔軟かつ多様にする」というポリシーです。

　こうしたポリシーを各学校で実践に移していくには，学校長をはじめとした管理職の意思表示がきわめて重要です。可能であれば，各年度の「学校経営方針」にすべての子どもが生活しやすい学校を築くための取り組みを明記して，全職員に周知することも重要なことでしょう。また，こうしたポリシーが明確にされたら，特別支援教育コーディネーターや教育相談担当者は，このポリシーを実行に移すための諸課題を整理して，学校改善計画（School Development Plan）を立てることも大切です。

File 4

好きなことばかりしている子

幼児　こだわり　パニック

　電車に強いこだわりのあるD児は，保育園での活動にあまり参加せず，好きな電車の本ばかり見ている。電車の本から離れられるのは，おやつの時間だけで，時には昼寝の時間も「僕は本を読んでいるから寝ない」といって部屋から抜け出し，指導員室で本を一人で静かに読んでいる。家の近くには電車が走っていて，特急が通過する時間になると庭に出て電車の音を聞いているとのことだった。
　保育園ではそうしたD児の興味を大切にしつつも，保育活動にまったく参加しないD児が少しでも参加してくれるようにならないかと考えていた。保護者も活動に参加していないことを気にしていたので，あるとき，運動会のお遊戯の練習をするときに，D児の本を取り上げてみたり，見えないところに隠したりして，あきらめるかどうかを試してみた。しかし，D児は本を取り上げられたり，なくなったことがわかると，ものすごい形相で怒り始めた。それでも要求が通らないことがわかると，今度は床に寝そべり，手足をばたつかせて30分以上にわたって大声で泣き続けた。その声は職員室の外にも聞こえるほどの大きなもので，結局，園長先生がその子に本を差し出してパニックを収束させるしかなかった。
　保育園ではこの様子を見て，その後は，あまり強く要求するのをやめることにした。しかし，このままで良いとは思えずに，保護者とともに「専門家に相談」することにした。

相談場面

● 保護者と保育園の指導員が特別支援学校の教育相談を利用した。
● D児との関わり方について全般的に聞きたい。特に，「こだわり」が始まったときにどのように対応すればよいかを相談したい。

File 4 好きなことばかりしている子

1 子どもの行動パターンを知る
- どんなときにこだわりがでるのか，また，保育活動に参加できないときはどのようなときであるかをまとめてみましょう。
- 保育園で行ってきた対応とそのときのD児の反応についてまとめてみましょう。

D児のこだわりがでる場面

保育活動に参加できない点

保育園の対応

保育園の対応に対する
D児の反応

30分以上にわたって，大声で泣く
（パニックを起こす）

パニックが収束する
静かに本を読んでいる

ケース検討のポイント！
- 「こだわり」：「電車」以外にもこだわっているものがあるのかについてD児を観察してみましょう。
- 「対応方法を考える」：どんな関わり方であればD児は受け入れられるのかを観察する。
- 「うまくいかないときは？」：D児が受け入れられない対応のパターンとはどのようなものか？

2 ケースを見つめる教師の「眼」

1.「否定」の連鎖から抜けだそう

　電車などに強く「こだわり」をもち，大人の通常の働きかけに対して拒否反応を示す子どもの中に，「自閉症」や「広汎性発達障害」の子どもがいます。こうした子どもたちは，早期からの適切な対応がなければ，自分の行動を「否定」されることが多く，他者との関係性を適切に保てない状態になってしまうことがあります。

　D児が自閉症であるかどうかは，このケース・ファイルに示された情報だけでは判断できません。しかし，「このままで良い」と思う教師は誰一人としていないでしょう。こうした状況の中で，D児を担当している教師が「何とかしなければ」と焦ってしまうと，「強い指導」になることがあります。今回のケースで言えば，こだわっている「行動」をやめさせようとして，本を取り上げたり，隠したりして，D児が保育園の活動に気を向けてくれるような状況を作り出そうとさまざまに試みたことがその一例です。

　しかし，「本を取り上げる」などの対応ではD児はパニックを起こし，教師が意図した方向に進んでいきませんでした。この状況で教師の側が意地になるかのように，いわば「強い指導」をいろいろと試みることは避けた方が良いで

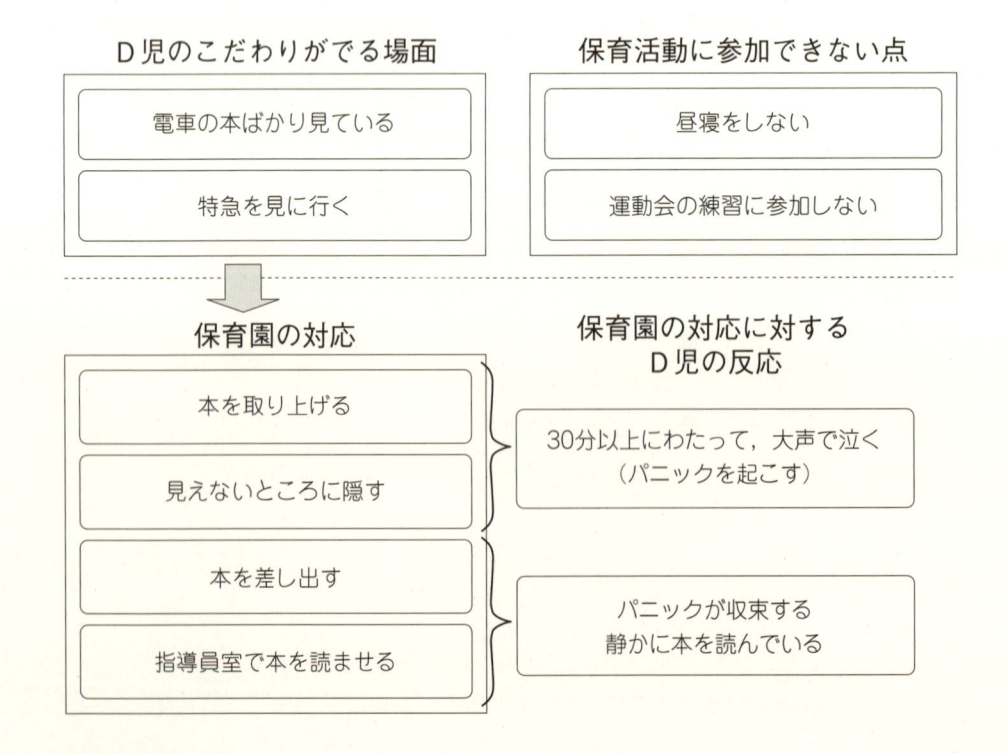

D児のこだわりがでる場面	保育活動に参加できない点
電車の本ばかり見ている	昼寝をしない
特急を見に行く	運動会の練習に参加しない

↓

保育園の対応	保育園の対応に対するD児の反応
本を取り上げる	30分以上にわたって，大声で泣く（パニックを起こす）
見えないところに隠す	
本を差し出す	パニックが収束する 静かに本を読んでいる
指導員室で本を読ませる	

しょう。D児はそうした教師の対応を見て、「大人は自分の思いをまったく汲み取ってくれない」という気持ちを本能的に感じ取り、大人との関係性を遮断してしまう危険性すらあります。

2. 相互作用のパターンを変える

こうした状況の中で大切なことは、D児と教師の間に存在する相互作用の「パターン」を変えてみることです。すなわち、まずは教師の側が「保育園にいる間は保育園の活動に参加するのが当たり前」という固定観念を捨て、子どもの側に歩み寄る姿勢を示すことが必要な状況なのではないかと考えます。

子どもの気持ちになって考えてみれば、「子どもは本を読むのが好き」なのです。それが、電車の本で、子どもの単なる「こだわり」であったとしても、まず、その行動を肯定的に捉えることからはじめましょう。「大好きな読書の時間」をいったん終了させて、教師の用意した活動に参加してもらうのだから、教師の側も多少は妥協しなければならないでしょう。

こんなふうに考えると、子どもとの関係性を変化させることができると思います。たとえば、「本を読まないで、こっちに来なさい」と言って本を取り上げるのではなく、「これが終わったら、先生と一緒にこの本を読もうね」と言えば、子どもへの伝わり方は大きく変わります。特にD児の場合は、「本が読めない」とわかったときにはパニックを起こし、大人が根負けしてしまうほどの大騒ぎになってしまう一方で、「本が読める」状況にあれば、落ち着いていられることがケース・ファイルからもはっきりとわかります。

こうした子どもに対して、「強い指導」に出る場合には、教師の側も見通しをもって指導しなければなりません。教師が子どもにパニックを起こされて根負けしてしまうくらいなら、最初から本を与えていたほうが良いと見ることもできます。なぜなら、子どもはこうした教師とのやりとりを通じて「パニックを起こせば、自分の思い通りになる」ということを学習してしまうかもしれないからです。

ただし、教師が子どもの前に立ちはだかり、「絶対的に認めない」という姿勢を示さなければならない場面もあります。それは、子ども自身の生命・安全に関わる行為と、他人に危害が及ぶ危険性のある行為です。これらは、どんなに子どもが泣いても毅然とした態度を子どもに見せる必要があります。そうした態度を示しても、なお安全が確保できない状態であったり、他人に危険が及ぶ可能性がある場合には、子どもをその場から離すことも検討する必要があるでしょう。

3 幼児期の困難の背景にあるもの

1. 幼児期の「発達障害」を見分けるには？

　知的障害を伴わない発達障害の場合，3歳児健診では特に気になるところがないと言われることもあります。そうした子どもの中には，幼稚園や保育園のなかで集団に入れずに指導者の目にとまるようになり，小学生や中学生になって初めて「発達障害」と診断されることもあります。

　近年，発達障害児の研究が進むにつれて，幼児期に発達障害児がどのような特徴を示すかについて記述する文献も多く見られるようになりました。筆者の教育相談の経験を含めて，大まかに記述すると以下のような特徴があります。

【乳幼児期の自閉症児】
- ●「こだわり」については比較的早い時期から観察される
　　くるくる回るもの／光るもの／特定の音楽（CMなども含む）に強い興味を示す。取り上げたり，遮ったりすると強い抵抗をしめすことが多い。
- ●同じものに注目すること（共同注意）に関して遅れが目立つ
　　指さしが出現する時期が遅い／ほしいもののところに大人の手をひいて連れて行く（クレーン現象）／目線があわないなど特徴的な行動が見られる。
- ●感覚の過敏性などのため普通の関わりや環境を嫌がることがある
　　一部の自閉症児には，普通の音や光でも過敏に反応し，その環境にいることを嫌がる子がいる／触覚などにも過敏性がある自閉症児もおり，触られたりすることが嫌いな子がいる（逆に強く揺すられたりすることを普通以上に好む子もいる）。
- ●乳児のときは「おとなしい子」「手のかからない子」と思われている
　　自閉症児は自分の気持ちや要求を相手に伝えることが苦手であるので，乳児期には「ぐずり」が少なく，「手がかからない子」と親が感じていることが多い。

【乳幼児期のADHD児】
- ●脇目もふらずに突進している様子が多く観察される
　　気になったものを見つけるとフラフラとではなく，直線的にそこに動いて目的を達成しようとする。その際に脇目もふらずに動くので，友達や机・椅子にぶつかることも多く見られる。／身体のどこかがいつも動いている
- ●ささいなことでも感情的に反応し，一度興奮すると抑えられない。
　　友達と普通に遊んでいるときに，楽しかったり嫌なことがあったりして気

持ちが高ぶると，行動を抑制できずに友達を叩いたり，蹴ったりしてしまう。欲求不満になりやすく，怒っていることが多いが，「じゃれあう」などのような加減をすることも苦手で，遊んでいたのに最終的にはけんかになってしまうことも多い。

●同じ活動を長い時間続けていられない

一つの遊びに没頭することができない（簡単なことも最後までやり通すことが苦手）／考えて行動しているのではなく，先に身体が別の活動のところへ行ってしまっているように見える。

以上のような特徴のほかに，発達障害児の特徴として「発音・発語の不明瞭さ」が幼児期から存在していることが多く指摘されています。幼児期は発音できない音があっても不思議ではない発達段階ですので，この評価は慎重に行わなければなりません。しかし，言語障害が認められる子どもは脳内の情報処理に何らかの困難を抱えている可能性があります。そうした意味で，幼児期の言語障害についても着目することは重要です。

2. 幼児の落ち着きのなさを引き起こす要因

幼児の落ち着きのなさなど，「困難」を引き起こす要因には上記のような発達障害のほかに，環境の要因を検討しなければならなりません。

たとえば，乳幼児期に常に快適な環境の中にいると「耐性」が身に付かず，ちょっとした「ストレス」でイライラする子になったりします。たとえば，夏でもクーラーの部屋にばかりいる子は，汗をかくだけで不快と感じて，活動に集中できなくなったりする子もいます。こうした要因は，いわゆる「障害」とは異なりますが，落ち着きのない行動を取る一つには加えなくてはならないでしょう。

同じように，長時間テレビを見たり，テレビゲームをしたりする子，または夜遅くに帰ってくる父親につられて夕食を食べてしまい1日4食になっている子（その上，寝不足になっている子）など，生活のリズムが崩れていたり，精神的・肉体的な疲れが取れないまま生活する子も最近は多くなっています。こうした子どもは幼稚園・保育園で活動する基盤が十分ではないために，落ち着きがなくなっていると考えられます。

このように，幼児期の困難については，障害の側面からだけでなく，生活環境や親子関係などさまざまな角度から見つめることが必要です。

4 「子育て支援」の理念と方法

1.「教え導く」から「体験し実感する」

　教師が教育相談担当者となる場合には,「教師」自身の枠組みを知ることの大切さを述べてきました。幼児を育てる保護者に対して,「子育て支援」を提供する際にも,「教師の枠組み」で展開しようとしていないかどうかを確認してみましょう。

　教師がもっとも得意としている仕事は,「子どもの指導」です。「指導」にもいろいろありますが, 教師が日常的に学校で行っている「指導」は「教え導く」といったものでしょう。たとえば,「先生, わかりません」と子どもに言われたら, 丁寧に説明し, わかるまで解説を続ける姿が「良い教師」のイメージです。子どもとの関係においては, こうした「教え導く」ことも必要です。

　しかし, 保護者に対してもこれと同じような関係をもとうとするのはいささか配慮に欠けていると言わざるを得ません。なぜなら, 子どもと教師のような年齢差や能力差が明確な関係とは違い, 保護者とは「対等」の関係でなければならないからです。教師が保護者に子どもとの関わり方を知ってほしいと思っても, 説明あるいは解説風ではない「子育て支援」を展開していかなければなりません。

　以上の点をふまえて保護者への「子育て支援」の方法を考えると,「教え導く」のではなく「体験し実感する」ようなアプローチが重要であると考えます。たとえば, 親子調理教室などのような親子が自然と関わるような場面を設定し, そのとき, 親子関係の中に教師がさりげなく入り, 適切な関係性を築くきっかけを作るなどというのが効果的であるように思います。

　もちろん, 日常的な関わりの中で,「お子さんは〇〇のように関わるとやる気がでますね」などのような立ち話をこまめにしていくという方法も良いかもしれません。もちろん, 保護者の側に希望があれば, 講義形式で「子どもとの関わり方を学ぶ」という方法も有効な場合があるでしょう。このときの講義は, 理論や原則を学ぶことばかりでなく,「10 ほめて, 1 叱る」など具体的な指針を保護者に伝えることが大切です。

　「子育て支援」で大切なことは, 教師の論理の中に保護者を誘うというものではなく, 保護者が自ら必要としている情報やノウハウを見つけ出していくことができるような取り組みを用意することだと考えます。

2.「保護者」が変化していくプロセス

　このように考えると,「子育て支援」とは「子育て」の方法を教師が保護者にアドバイスすることではなく,「子育て」をする保護者の試行錯誤に教師が寄り添うといったものだと考えます。つまり, 子育て支援は, あくまでも保護者が主体であり, 教師は揺れ動く保護者の気持ちや子どもへの関わり方を「黒子」のようにガイドしていく役割であると言えるでしょう。

　これは, 保護者にとっては「支援を受けている」という意識がそもそも感じられない「支援」なのかもしれません。つまり, 保護者は子育ての中で『ああしてみたらどうなるか？』『こうしてみたらどうなるか？』と, 常に悩んでいるものですが, そうした揺れる気持ちに対して,「○○しましょう」というような指示的な助言をするのではなく,「○○してみては…？」と提案風に伝えることが大切だと考えます。

　保護者との関係をこのように考えていれば, 保護者が教師の助言通りに行動しなくても取り立てて目くじらを立てることも少なくなります。大切なことは「保護者」が自らの意思で子どもとの関わり方を選択し, 決定する中で, 子どもとの関係を変えていこうと思うことです。つまり, 教師は保護者が実践しやすい選択肢を提示することが役割なのではないかと考えます。

「教え導く」教師の支援　　　　　「黒子」役の教師の支援

（子どもをたくさんほめましょう。）
（ああしてみよう。）
（こうしてみよう。）
（つい叱ってしまうんです。）
（○○のようにしてみては…？）

5　幼児との「関わり方」のコツ

① 好きなことに「こだわり」，次の活動になかなか行けません。この子にどのように声をかけて，活動に参加するよう誘いますか？

② スーパーでお菓子をねだる子にどう対応しますか？　考えられる対応をいくつか挙げてみてください。

1.「否定しない」言葉かけを心がける

　人が人と接するときには，理性的判断をする前に，「相手に接近するか」「相手から離れていくか」を決めるメカニズムが働きます。これは，「初めて出会った人の第一印象」のようなもので，そのときの本人の気分や本人の置かれている状況，あるいは相手の風貌や振る舞いなどを総合的に捉え反応するもので，脳の「扁桃体（へんとうたい）」という部位が関与しています。

　この「扁桃体」の働きがある程度，完成するのが3歳ごろと考えられています。理性的な思考や判断がしっかりできるようになるよりも前にこの働きは確立しています。このため，幼児期においては，理屈を言って聞かせるよりも先に，「相手の言っていることを受け入れられるような雰囲気づくり」がとても重要になります。

　上の①の例で考えると，

　　　　「それはダメです！　こっちに来てちゃんとしなさい！」

と厳しい態度や口調で臨んでしまうと，「扁桃体」の働きとしては「拒絶」に向かってしまうことがあります。そうした否定的な反応をするのではなく，穏やかな口調で，

　　　　「○○したら，それをしてもいいよ」

というように肯定的な言い方をすると受け入れられることが多くなります。たとえ認められない行動（たとえば，教室に水をまいてしまうなど）である場合にも，行動を制止する言葉かけではなく，「～のようにしてね」というように「望ましい行動のしかた」を伝えるほうに力点を置いて話すと，子どもの反応は変わってきます。

2.「折り合いをつける」関わり方をする

②のような場面では，大人はさらに多様な関わりが可能となります。たとえば，「今日は何も買わないけどいい？」と確認してからスーパーに連れて行き，スーパーではだだをこねても一度無視してみるといった対応もあるでしょう。また，「次に来たときに買おうね」と言ってその場では我慢させ，我慢できたら次に来たときに約束どおり買ってあげる，といった対応も考えられます。

こうした対応は「子どもと折り合いをつける」方法です。「折り合いをつける」場合には，「ほしい物を買う」ということそのものについて**子どもと話し合い，お互いが妥協できるところを探る**ことが大切です。「言うこときかなかったら夕食抜きですよ」などというように，「ほしい物を買う」ということから外れたところで「駆け引き」をするのではなく，お互いの気持ちをぶつけあって両者が合意することが大切です。

つまり，子どもの気持ちを聞きつつ，大人の要望を必ず加えて子どもと関わっていくことが「折り合いをつける」ことだと考えます。

① 好きなことに「こだわり」，次の活動になかなか行けません。この子にどのように声をかけて，活動に参加するよう誘いますか？

| (×)「それはダメです！ こっちに来てちゃんとしなさい！」|

| (○)「〇〇したら，それをしてもいいよ」|

| (○)「〇〇はやめて，～しましょう」|

② スーパーでお菓子をねだる子にどう対応しますか？ 考えられる選択肢を挙げてみてください。

| 買う前に約束し，だだをこねたら一度無視して様子をみる | 「次きたとき買おうよ」と言う。⇒2回に1回だけ買ってあげる |

File 5

クラスに溶け込めない子

小学生　学習の遅れ（読み書き）　友人関係

　E児は小学5年生の男子。おとなしい性格で、自分の意見をみんなの前で言うのが苦手な子どもだった。厚い眼鏡をかけていて、文字を読むのが苦手なのか、行の読み飛ばしや、板書の書き写しに時間がかかるなど、学習面でも課題が見られた。しかし、家庭ではそれほど大きな問題を感じておらず、親が気にしているのは「友だちが少ない」ということだった。
　学校の教師が気にしているのも、勉強のことではなく友人関係だった。友達との約束を忘れていたり、友達に「入れて」と声をかけられないので休み時間はひとりでポツンと教室にいることが多い子どもだった。本人は、「友達と遊びたい」と思っていたが、どのように輪の中に入っていったらよいのかわからずにいるといった感じだった。
　また、友達との会話も上手ではなく、ときどき質問と違う話をはじめたり、つじつまの合わない会話になることも多く、友達から「からかわれている」ような姿も見受けられた。友達から、からかいの対象になっていることについて、本人はあまり気にしていないようだったが、「いじめ」に発展してはいけないと思い、担任教師は友達関係を注意して見ていた。
　E児は親があまり困っていないということもあって、発達障害の診断は受けていないが、発達障害に詳しい特別支援教育コーディネーターの見立てでは、学習障害児の特徴によくあてはまり、特別な支援が必要な子どもではないかと感じていた。

相談場面

● E児には何らかの支援が必要であると担任教師は感じているが、どのような支援を提供していけばよいのかわからず、「とりあえず」校内の特別支援教育コーディネーターに相談をもちかけた。

File 5　クラスに溶け込めない子

1　支援ニーズを理解する

● 「どのような支援をすればよいか」ということは，「どのような状態になりたいか」という本人や保護者，あるいは担任教師の願い＝「ニーズ」によって決まります。

子どもや保護者の願いは？

担任が気にしていることは？

↓

当面の支援の中心は…？

どんな力を身に付けるか？

いつ指導するか？

誰が指導するか？

ケース検討のポイント！

- 「ニーズの把握」：本人・保護者がどのような願いをもっているかを把握し，優先的に取り組むべき課題を考える。
- 「課題の明確化」：本人・保護者と担任の間で合致する「指導課題」を明確にする（一つでなくても良い）。
- 「支援の具体化」：「いつ」「誰が」「どのように」指導するか，具体的な手立てを明確にする（＝「個別の指導計画」の立案）。

2 ケースを見つめる教師の「眼」

1. 友達の輪の中に入っていけないのは…？

　友達の輪の中に上手に入っていく能力というのは，一般に考えられているよりも高いものです。これは，周囲の人や状況を適切に読み取り，どのように振る舞えば自分の希望をかなえられるのかがわかる力です。大人の社会でも「場の雰囲気がわかる人」とか「空気が読める人」などという言い方があるように，こうした能力を適切に発揮できる人とそうでない人がいるのが現実です。

　E児が学習障害などの発達障害があるかどうかは事例を読むだけではわかりません。しかし，周囲の雰囲気を読むことが苦手な特徴をもっていることは確かです。こうした子どもには，どのような支援を提供していけばよいのでしょうか。

　「友達の輪の中に入れるようになる」には，まず，①どのタイミングで，②誰に，③どのような言葉をかければよいのか，を考えることが必要になります。周囲の雰囲気を読むことが苦手な子どもは，この①〜③を見極めることが苦手な子どもなのだと考えます。そこで，休み時間に遊びに入れるように，「2時間目の授業終了後，教室から出たところで，教室で良く遊んでいる○○君に，僕も一緒に入れて，と言ってごらん」とE児に具体的にアドバイスをするとう

子どもや保護者の願いは？	担任が気にしていることは？
子ども：友達の輪に入りたいのに入れない 保護者：家では特に困っていない	勉強のことよりも友人関係 （一人でポツンといる／いじめに発展しないかどうか，など）

当面の支援の中心は…？

友達の輪に入っていくスキルを身に付ける

具体的な手だて		
	どんな力を身に付けるか？	「僕も入れて」とタイミング良く言う方法
	いつ指導するか？	2時間目の後の15分休みにE児に声をかける
	誰が指導するか？	担任教師が指導する（特別支援学級の教師のアドバイスを受けながら）

まくいく場合があります。

2.「特別な支援」は必要なのか？

　E児のような子どもは学校全体で見ればそれほど珍しいケースではないでしょう。「勉強が多少遅れている」ことや「友達関係が少し気になる」ことなど，教師が気になる箇所が見受けられますが，大きな問題を起こしているわけでもないので，特別な支援の必要性が今ひとつはっきりとしない子どもであると思われます。特に，授業もわからないなりに一生懸命に取り組んでいて，遅れているけど少しずつはできるようになっていること，E児の友達がまったくいないわけではないこと，さらには保護者がE児のことをそれほど心配しているわけではないことなどが，支援を提供するきっかけを見えにくくしている理由だと思われます。

　E児のような子どもに「特別な支援」を提供していたら，かなり多くの子どもに「特別な支援」を提供することになってしまう，という教師の声も聞こえてきます。確かにそうかもしれません。しかし，「子どもが困っている」ことに対して教師が支援を提供することはごく当たり前のことであり，教師の働きかけを工夫することで「子どもの困り感」が解消していくのであれば，「特別な支援」を提供する必要性がある子どもだと考えるべきでしょう。

　ここでいう「特別な支援」とは，専門家による支援ではありません。教師が日常的に行っている子どもへの働きかけを見つめ直し，少し工夫をしてみるという程度のものです。たとえば，E児のことを気にかけてくれる面倒見の良い友達に「E君のことも誘ってくれない？」と声をかけておくとか，いじめに発展しないように「人の苦手なところを責めるようなことはこのクラスでは許しません」とあらかじめクラスの子ども全員に釘をさしておくなどです。こうした対応は，通常の学級の先生にしてみれば，E児に対する「特別な支援」というよりも，「学級経営の工夫」というほうがぴったりくるかもしれません（「学級経営の工夫」についてはChapter 3に詳述しています）。

　こうした「学級づくり」を基礎にして，E児が活動しやすい雰囲気を作り，その中で「友達の誘い方」などの「スキル」を具体的に教えていくことが，E児に対する「特別な支援」だと言えるでしょう。E児の中に「本当は友達の輪の中に入りたい」という気持ちがあるのなら，それを実現できるような支援を具体的に考えていくことが特別支援教育だと言えます。

Chapter 2 「気になる子ども」の理解と支援

3 「情報の交通整理」を支援する

1.「情報の交通整理」が苦手な子

　E児の困難を学習障害児の障害特性から説明をすると,「情報の交通整理」が苦手な子ということになります。これを次のような例を用いてわかりやすく説明していきましょう。

　4月のある日,気温が20度近くまで上がり,春先としてはとても暖かい日のことでした(以下,架空の話です)。E児は「今日はいつもより暑い」と感じでいましたが,それ以上のことは考えずにいつものようにコートを着て外出してしまいました。結局,歩いているだけで汗をかき,着替えも持っていかなかったので,風邪をひいてしまいました。

　E児がこうした失敗を繰り返し行ってしまうのは,下の図のような「情報の交通整理」が苦手であるからです(このメカニズムを心理学では『情報処理』と読んでいます)。すなわち,E児は見たり聞いたり感じたりする「①感覚入力」はそれほど大きな困難がなく,上の例でも「今日はいつもより暑い」と感じています。また,話したり動いたりといった「③運動出力」の部分も大きな問題はなく,今回の例でも「コートを自ら脱ぐ」ことは十分にできる能力をもっていました(肢体不自由がある子どもは自分でコートを脱げないので,暑いと思ってもコートを着たままになって汗をかいてしまうことがあります)。

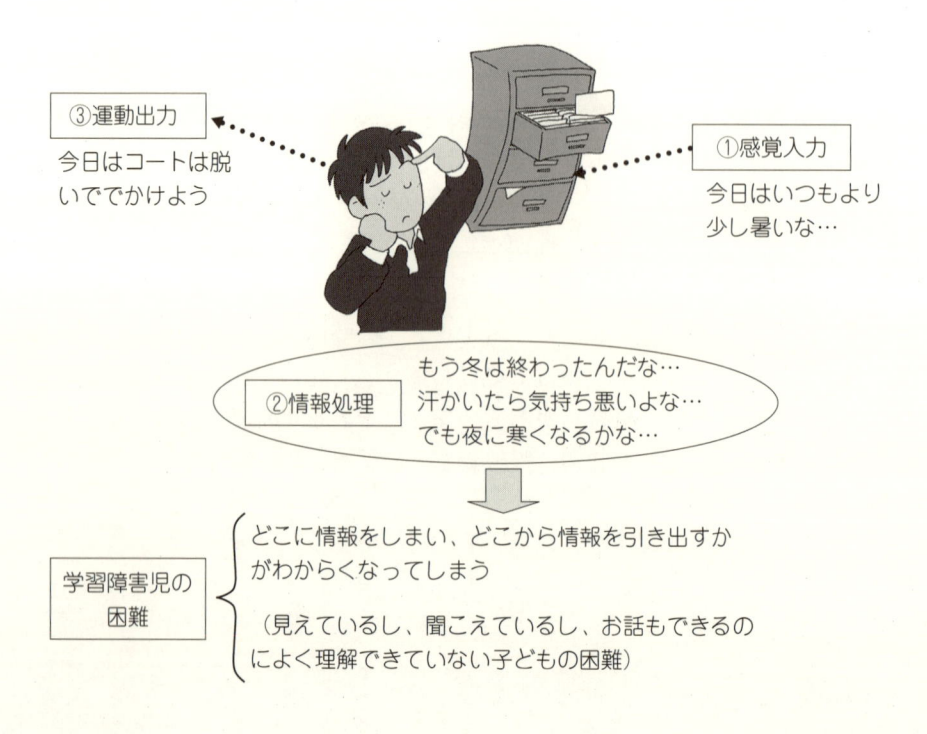

③運動出力		①感覚入力
今日はコートは脱いででかけよう		今日はいつもより少し暑いな…

②情報処理
もう冬は終わったんだな…
汗かいたら気持ち悪いよな…
でも夜に寒くなるかな…

学習障害児の困難
{ どこに情報をしまい,どこから情報を引き出すかがわからなくなってしまう

(見えているし,聞こえているし,お話もできるのによく理解できていない子どもの困難)

E児が苦手としていることは,「①感覚入力」と「③運動出力」の間の「②情報処理」です。私たちは「今日はいつもより暑い」と感じたときに,「4月だからこれからもっと気温があがるかも…」とか,「このコートでは汗をかくかも…」,「夜になったらまだ冷え込む時期かな…」など,いろいろなことを考えて,「コートを着ていくかどうか」を決めます。こうして考えた上で,コートを着ていくと決めた場合には,「暑くなったら脱いで手に持っていればいい」などの「対策」も思案していることが多く,私たちは状況に応じて適応的な行動をとることができます。

　しかし,E児は雑多に入ってくる情報を頭の中で整理したり,統合したりすることが苦手であるために,どのようにすることが自分にとって最善であるかを総合的に思案することができず,「いつものようにコートを着たまま外出してしまう」のです。

2.「情報の交通整理」を支援するには…?

　こうした特徴をもっているE児への支援は,雑多に入ってくる情報を整理し,統合する手助けをすることです。

　具体的には,「コートを脱いでいきなさい」と指示するだけでなく,「今日は20度まで上がるけど,コートは必要ですか?」「帰りの時間にはどのくらい寒くなっていると思いますか?」など,ポイントとなる「情報」に意識を向けられるような質問をしたり,調べさせたりすることが大切です。また,「コートを脱いででかける」,あるいは「コートを着ていく」かを決めた後に,「汗をかきそうになったらどうするか」「途中で寒くなったらどうするか」など,**予想される状況を具体的に質問し,対処方法をあらかじめ考えさせておく**等の支援も有効です。

　子どもの中には,一度,寒い思いをしたから,「外出するときは必ず厚手のコートを持って行く」と決めているような子どももいます。そうした場合には,厚手のコートと薄手のコートを両方着てみて,今日の気温にふさわしいのはどちらかを選ばせるなども有効な支援と言えるでしょう。

　このように,「情報の交通整理」を支援するということは,適切な行動のみを子どもに直接教えるのではなく,考えるべき視点(ポイント)を子どもに与えて自分で考え,自分で決めさせる支援のことを言います。「教える」のではなく,「考えさせる」支援をするというのが,E児のような「情報の交通整理」が苦手な子どもに対する支援の原則です。

4 状況を認識するのに必要な「記憶」

1. 流れゆく「情報」をキャッチする

　最近の研究では，E児のような困難の背景に「ワーキングメモリ」という「記憶力」が関係していることが指摘されています。「記憶」と聞くと，学校では「漢字」や「歴史の年号」をどのくらい覚えているかという話になるかもしれません。もちろん，こうした長期的に保存されているものも，記憶の一つですが，「ワーキングメモリ」はこうした記憶とは異なります。

　「ワーキングメモリ」という「記憶」を理解するために，次のような例を挙げてみたいと思います。次の文章を読んで，あとの問いに答えてください。

> 【E児の作文】
> きのう遊園地に行きました。
> おじいちゃんも一緒でした。
> とても楽しかったです。
>
> 【問い】
> E君はどこに遊びに行きましたか？

　一般的な大人であれば，E児の作文を読んだ後，「問い」の文章を読んで答えるのに，もう一度，作文を読み返した人は少ないと思います。それは，大人であれば，E児の作文（3つの文章）を読みながら，その内容を頭の中に一時的に「記憶」しておくことができるからです。こうした記憶は，長期的に保存されることは少なく，この問いをすませたら自然と忘れていく短期的な記憶です。また，「遊園地」→「おじいちゃん」→「楽しかった」という一連の文章が内容を明確にしていく「流れ」になっていたことも，記憶に保存しやすくしている理由の一つです。このような「流れゆく情報」を「短期的に保存する記憶」のことを「ワーキングメモリ」と呼びます。

　E児のような「情報の交通整理」が苦手な子どもは，時間をかければ漢字や歴史の年号などの長期的に保存される記憶の量は増えてきます。しかし，流れゆく情報を整理しながら，頭の中で整理・統合するといった「ワーキングメモリ」に困難のある子どもにとっては，上のような「問い」に対して即座に答えることができずに，再度，文章を読み返して解答を考えなければならないのです。

2. 要点を整理して伝えることの重要性

　E児のような子どもに，こうした「ワーキングメモリ」という記憶の困難さがあるのだとしたら，子どもに指示を出すときなどには配慮が必要です。先の例文で考えると，3つの流れゆく文章（情報）を整理して理解することが難しい子どもには，3つの指示を一度に出してしまうと子どもは混乱するということです。

　たとえば，「これを職員室の○○先生に届けたら，保健室に行って〜をもらってきてね」などという指示は，E児のような子どもにはきわめて難しい，情報量の多い指示になります。こうした指示を子どもにわかりやすいように要点を伝えるならば，

> 1番は職員室→○○先生にこれを届ける
> 2番は保健室→〜をもってくる

となるのではないかと思います。

　このとき，「聞いて理解する」情報（聴覚的情報）と「目で見て理解する」情報（視覚的情報）の2つがあることを意識する必要があります。聴覚的情報の特徴は，「すぐに消えてなくなる」ところにあります。そのため，短期的に保存される記憶（「ワーキングメモリ」）が重要になります。一方，視覚的情報は，わからなくなったときにいつでも見ることができるという特徴があり，人は聴覚的情報だけでなく，視覚的情報をセットにして話しかけられた方がわかりやすくなります。

　「ワーキングメモリ」という記憶に困難がある子どもに対しては，聴覚的情報だけで話をするのではなく，視覚的情報を効果的に活用することがとても重要になります。視覚的情報の活用でもっともイメージしやすいものは「メモ」でしょう。E児のような子どもには「メモをとる習慣をつける」なども有効な支援の一つとなります。

　教師が「子どもにとってわかりやすい話し方を工夫する」ことは，単に子どもが「指示を聞いて行動できる」ようにするためだけではありません。教師が子どもにわかりやすく伝えることは，日々の学校生活の中で教師と円滑にコミュニケーションできるということにつながり，E児のような子どもは，学校や教師に対して安心感をもつようになってきます。こうした安心感を感じる関係を築いているからこそ，少し苦手なことにも挑戦しようという気持ちになり，学校生活を通じて少しずつ成長を遂げるのだと考えます。

Chapter 2 「気になる子ども」の理解と支援

5　子どもが「わかる」ように話す

「片付けなさい」と言われても、リコーダーを机に入れただけで、別のところに遊びに行ってしまう子への指導方法

⬇

「散らかっている」という全体的な見方が難しい子だとしたら、その子に「片付ける」ことをどのように話して理解させますか？

「片付ける」支援の方法	

「整理する」支援の方法	

1.「部分」と「全体」を意識する

　「子どもが『わかる』ように話す」というきわめて当然のことを表題にしたのは、教師と子どもの間には「わかっているようでわかっていない」ことが多く存在するからです。その一例として、ここでは、「片付ける」ということを取り上げてみたいと思います。

　上の絵を見て、教師の多くは「散らかっている」と思うでしょう。この状況を見て、「散らかっている」とわかるのは、ランドセルや机の中にしまうべき物が散乱している様子を「全体的」に見ることができるからです。子どもの中にはこうした「全体的」なものの見方が苦手な子どもがいます。そうした子どもは、「散らかっているから片付けなさい」と言われても、「リコーダーが床に落ちていることを言っているのかな？」など、「部分的」なところに着目してしまい、リコーダーを机の中にしまったら「片付けました」と言って、遊びに行ってしまうなどということがあります。

　こうした子どもを見かけたとき、多くの場合、教師は「遊びが気になって、最後まで片付けをしなかった」と考えるでしょう。もちろん、そうした理由で片付けが中途半端になってしまう子どももいるでしょうが、E児のようなケー

スは「片付けなさい」という言い方がとても抽象的であったために，教師の意図していることが正確に伝わらなかった可能性もあります。

　教師の話しというものは，細かく一つずつ指示を出すような場合（「部分」）と原則や理念を大まかに伝えるような場合（「全体」）と大きく分けて2種類あります。普段はこの2種類を強く意識することなく，自然と使っていれば子どもに通じるものですが，学習上の困難を伴う子どもに対応する場合は，両者を意識しながら指示しなければなりません。

　今回の例で言えば，「散らかっているから片付けなさい」というのは子どもが行うべき行動の全体的な方向性を指示しています。しかし，何をどのように片付けなければならないかという「部分」については何も指示していません。そのため，子どもに「わかる」ように話すためには，もう少し細かく伝えなければならなかったのだと考えます。

2. 着眼点を示した上で，整理する方法を考えさせる

　それでは，具体的にどのように指示を出せばよいでしょうか。その第一歩としては，子どもに「散らかっている」という状況を捉えてもらうことから始める必要があります。

> 「机の上や机の周りに出ている物をしまいましょう」と言う。

> 「ランドセルと机の中にしまえるものはしまいましょう」と言う。

　このとき，「外に出ている物」に着目させることが効果的な子どもと，ランドセルや机にとにかく「物を隠す」という方向で子どもを導いていったほうが効果的な子どもといます。こうした「着眼点」を子どもに示す話し方をすると，子どもは今まで見えていなかったものが見えてきて，「片付け」が進みます。

　こうした「片付け」の支援は，散らかった状況を見たときに活用できることですが，散らからないように指導していくことができればもっと良いでしょう。このためには，「片付ける方法」を具体的に指導するだけでなく，「整理する方法」も教えていく必要があります。

> 今使っていたものをしまってから新しいことをする

> お道具箱を活用する（大きさ・置き場所なども工夫する）

　「整理する方法」の支援は，「しまってから，次の活動へ」というのが原則ですが，それが徹底できない場合には，その子が使いやすい「お道具箱」を用意するなどが支援として考えられます。いずれにしても，子どもの力と教室環境の工夫で「片付ける」ことを支援していくことが大切です。

File 6

本当にわがままな子なのか？

小学生　アスペルガー症候群　こだわり　パニック

　F児は小学校2年生の男児である。1年生で入学したときから順番に「こだわり」があり，自分で決めた順番で物事が進んでいかないと，大きな声を出して泣いたりしていた。保護者が校内の特別支援教育コーディネーターに教育相談をもちかけたところ，コーディネーターは受診を勧めた。その結果，医療機関では，アスペルガー症候群と診断された。
　1年生のときの担任は以前にアスペルガー症候群の子どもを担当したことがあり，F児の気持ちをうまくつかみながら学級経営をしていたが，2年生のときの担任は「クラスの子どもはみんな同じように対応します」といった方針を強く打ち出す先生であった。そのため，2年生の担任教師はF児の順番への「こだわり」を上手く受けとめることができず，F児はクラスで頻繁にパニックを起こすようになっていた。
　あるとき，教師が教えた書き順で漢字を書かなかったために，正しい漢字であるにもかかわらず教師はF児の解答を「×」にした。「×」にされたことに納得がいかないF児は「もう，あんな学校には行かない！」と強く言い，数日間，登校拒否の状態になっていた。この姿を見た保護者が特別支援教育コーディネーターに事態の打開を求めて相談に来た。

相談場面

- 保護者から特別支援教育コーディネーターへ。
- 「アスペルガー症候群の子どもの特性に応じた関わり方を担任教師が身に付けてほしい」という訴えであった。

File 6 本当にわがままな子なのか？

1 「ずれ」から生じるトラブル

● 子どもの気持ちと教師の思い（願い）に「ずれ」が生じたとき、子どもの困難が大きくなることがあります。
● 関係改善のためには、双方（子どもと担任教師）に働きかけることが重要です。

F児への働きかけ　　　　　　　担任教師と何を話し合うか？

| 「×」にしたことについて何と言うか？ | 主な対応者 |

その他の働きかけ

| | 主な対応者 |
| | 主な対応者 |

学校全体で取り組めることは

内容			
例	●	●	●
	●	●	●

ケース検討のポイント！

● （F児へ）「学校に行かない」という気持ちをどのようにほぐすか？ アスペルガー症候群の子どもに納得してもらうには？
● （担任教師へ）担任教師にF児を理解してもらうためにどのような話し合いをする必要があるのか？
● （学校全体で）今後、こうしたことが起こらないようにするために、学校全体で、どのようなことをしていかなければならないかを考えてみましょう。

2 ケースを見つめる教師の「眼」

1. 担任の「理解」がまず先決

　保護者が訴えていることは「子どもが学校に行かない」といっている事態を打開してほしいということですが，このケースは単なる不登校とは違います。なぜなら，特別支援教育コーディネーターが子どもの気持ちをほぐして登校できるようになったとしても，担任教師の理解がなければ同様の問題が続けて起こることが大いに予想できるからです。

　このケースではコーディネーターは担任教師に状況を伝え，できれば教頭などの管理職を交えて今後の対応方針について話し合う必要があります。その方針にもとづいて担任教師は保護者やF児と面談をすることが良いと考えます。担任教師のとった行動は「誤り」であるとまでは言えませんが，子どもの「思い」や「特性」を担任教師はもう少し理解している必要があったかもしれません。子どもと教師の関係がこじれているときにはコーディネーターが仲介することが必要です。

　一方，子どもの興味を学校に向けるための働きかけも忘れずに行い，学校のイメージを回復させる配慮も重要です。いずれにしても，今回のケースをきっかけに，学校では「事例検討会（障害特性に応じた対応）」「教育相談の原則（保護者との応対の方法）」「学校の指導方針」などについて話し合うと良いでしょう。

F児への働きかけ	担任教師と何を話し合うか？
「×」にしたのはごめんね。先生は書き順も一緒に「正しく」書いてと言ったつもりだったんだ。	保護者からの相談内容を伝える（立ち話的に大げさにせずに） 主な対応者：コーディネーター
学校に来るまでどのように過ごすか計画を立ててみよう	障害特性の理解（「なぜ，すれ違ったのか」について話し合う） 主な対応者：コーディネーター
学校の楽しい活動の話をして「学校に来ない？」と誘ってみる	今後の学級の経営方針について話し合う 主な対応者：コーディネーター・教頭

学校全体で取り組めることは

	F児の事例検討会	教育相談の原則と方法の確認	子どもへの指導方針に関する研修会
内容			
例	●障害特性の理解 ●具体的な対応方法の検討と共通理解	●保護者からの相談に対しては，コーディネーターをはじめ複数教師で対応する原則を確認する	●書き順や筆算の方法はどこまで統一するのか？ ●「個性」や「違い」をどのように認めていくか？

2. 障害特性を考慮した対応方法

　アスペルガー症候群などの知的障害を伴わない発達障害児の困難は，「子どもの思い」と「学校・教師のルール」の間にギャップが生じやすく，またそのギャップに気づきにくいといったところにあります。そのため，悪気はないのに教師の「指示通り」にやらないことが多くなり，学校や教師とのトラブルに発展することが多くなります。Ｆ児の例でも，「もう学校に行かない」という気持ちになった直接的な原因は，「書き順通りに漢字を書かなかったこと」でした。Ｆ児の障害特性を考えると，担任教師からこの課題を出されたときに，Ｆ児がどのような課題だと捉えたかが重要なポイントとなります。

　たとえば，教師が「漢字を正しく書きましょう」という問いを出したときには，教師の中では「書き順も正しく」という意味が含まれていたのかもしれませんが，こうした言外の意味を推測することはアスペルガー症候群の子どもはとても苦手です。「漢字を正しく書く」ということを字句どおりに受け取れば，書き順が違っていても，正解にしなければならないでしょう。このように，アスペルガー症候群の子どもには意味が正確に伝わるような問いかけをしていく努力が必要です。

3. 発達障害児の支援方法をどのように引き継ぐか？

　アスペルガー症候群などの知的障害のない発達障害児に対する支援を次の学年の担任に「引き継ぐ」ことは思いの外，難しいことのようです。それは，担任教師によって学級経営の方針が少しずつ違って当然だからということも理由の一つと考えられます。加えて，発達障害児も担任教師との距離感を人によって微妙に変化させているので，前の年と同じようにすればうまくいくというわけではないということも関係しています。

　たとえば，前の担任の先生には不安なことがあるとすぐに訴えかけていたのに，今度の先生はすぐにパニックを起こすなどが，その例です。発達障害の子どもを受け持っている担任教師は前の学年の先生が編み出した有効な支援方法を引き継ぎ，同じように試してみることがまず大切です。しかし，そのやり方でうまくいかないときには，自分なりの支援方法，つまり子どもと教師の関係性を自ら築いていかなければなりません。これは，人と人が出会えば新しい「関係性」を築く必要があるというようことであり，ごく当然のことだと考えられます。

3 子どもの「診断」をしてほしい

1. 医療機関の役割と教師の姿勢

　子どもの困難の背景に「障害」が疑われる場合には，医師に「診断」してもらい，困難の背景を確定することで明確な支援方針を打ち出せることが多くあります。こうした意味において，保護者に医療機関を受診する機会を提供していくことも教育相談担当者の役割のひとつです。しかし，保護者との関係が不十分なままに「受診」をすすめると保護者から不信感を招く恐れがあります。

　保護者に医療機関を受診するよう勧めるタイミングとしてもっとも良いのは，保護者が「うちの子どもには障害があるのでしょうか？」といった気持ちが芽生えたときです。「ほかの子どもと自分の子どもには違いがある」「子どもの行動あるいは学習の状況が理解できない」など，子どもの状態を理解したいと思っているときが受診を勧めるチャンスと言えるでしょう。

　教育相談の中で保護者に「うちの子は障害がありますか？」と問われても，教育相談担当者は子どもの行動等から「障害児である可能性」について語る程度にとどめ，最終的な「診断」は医療機関で行うことを保護者に告げなければなりません。保護者が受診を希望する場合には，居住地域の近くで受診できる病院があるのかどうかを調べ，情報提供することも必要です。「発達障害外来」などを設けている都道府県立の病院があれば，その外来の受診の方法や曜日・時間などを伝えると良いでしょう。専門病院では，医師の紹介状が必要な場合もありますので，教育研修センターの教育相談や専門家会議など，医師が同席する教育相談の場を紹介するのも良いかもしれません。

　保護者に受診を勧めるもう一つのきっかけは，「投薬」が必要と判断した場合です。行動や情緒がとても不安定で，教育的な関わりだけでは状態を安定させることがきわめて難しいと判断されるケースや，「心身症」などの二次的な困難への対応が優先順位の高い課題となっているときなどに医療の力を借りることが必要になります。

　医療機関への受診を勧める際には，発達障害児が通う学校またはその担当教師は，「学校や学級では精一杯，対応します」というメッセージを必ず伝えなければなりません。こうしたメッセージがない中で診断を確定しようと躍起になると，保護者は自分の子どもに障害というレッテルを貼って，いずれは通常の学級から追い出そうとしているのではないかといった疑心暗鬼の気持ちをもつようになってしまいます。保護者に受診を勧める際には，教師の誠意ある対応がとても重要です。

2.「診断」の前にできること

　子どもへの特別な教育的支援を提供するにあたって,「診断」は必ずしも必要ありません。特別支援学級や特別支援学校に入る時にも,医師の「診断」は不可欠のものではありません。

　学校・教師が子どもの困難を感じたらすぐに医療機関へ受診を勧めるというのはあまり好ましいことではありません。前ページに書いたように,病院は,ある意味で障害を確定するために行くものであって,学校ではその前に特別な教育的支援を精一杯,提供しなければなりません。

　保護者の了解が得られていれば,医療機関を受診しなくても,子どもの実態や必要とされる教育的支援の検討は進めていくことが可能です。発達検査などを通して子どもの特性を知り,その特性に応じた支援を考えるなどということがその一例として挙げられます。

　たとえば,発達障害児の中には,知的障害がなくても,発達に大きな偏りがあり,通常の学校での標準的な関わり方では難しい子どもがいます。具体例を挙げると,WISCという検査を行うと「言語性IQ」と「動作性IQ」という2種類のIQが算出されます。こうした情報から「言葉を聞いて理解する・言葉を発して表現する」能力が優れているのか,「目で見て理解し,活動しながら考える」能力が優れているのかがわかります。仮にある子どもが「言語性IQ」＜「動作性IQ」であって,この差がとても大きい場合には,「音声言語」を用いるよりも,「視覚的に理解できる」方法（スケジュール表を作るなど）で子どもに働きかけるほうが良いといった方針が立てられます。

　発達検査は,医療機関でなくても受けられます。地域によっては特別支援学級や通級指導教室の担当者が実施できる場合もあります。保護者の了解が得られたら,実施可能な機関に問い合わせてみましょう。

医療機関以外で発達検査の実施が可能なところ

- 都道府県または市町村の教育センター・研修センター
- 特別支援学校の教育相談部（センター的機能）
- 都道府県内にある発達障害者支援センター
- 地域の核となっている特別支援学級または通級指導教室（担当者による）
- 大学または大学附属の心理教育相談室　　　　　　　　　　　　など

＊これらはあくまでも一例です。都道府県または市町村によって相談資源は異なりますので,各地で調べてリストアップしましょう。

4　自閉症の障害仮説と支援方法

1.「他者の意図」を読み取ることが苦手な自閉症児

　自閉症は，まだはっきりとした原因が医学的にわかっている障害ではありません。そのため，どこに障害があるのかについてはいくつかの「仮説」が出されている状態にとどまっています。障害を確定する場合には，いくつかの行動上の特徴を有していることが条件となっていますが，自閉症児によく見られる行動特徴を挙げると以下のようなものがあります。

　自閉症の障害仮説のひとつとして，他者との相互交渉や言語コミュニケーションに関する認知障害ではないかという仮説が挙げられています。1990年代には，コミュニケーションの基本となる「心の理論」の障害ではないかという見解が広く普及しました。これは，簡単に言い換えると，「他者の意図を読み取ること」が苦手な子どもだと考えられます。

　確かに自閉症児は「言外の意味」を読み取ることが苦手です。たとえば，皮肉をこめて「面白いねー」と言われたときに，字句どおりに「相手は面白かったんだ」と捉えて，「ありがとうございます」と返してしまったりします。こうしたことから，他者と意味のすれ違いが頻繁に生じ，幼少期から人とうまくコミュニケーションがとれず，欲求不満の状態におかれる子どもが多くいます。

自閉症児によく見られる行動特徴

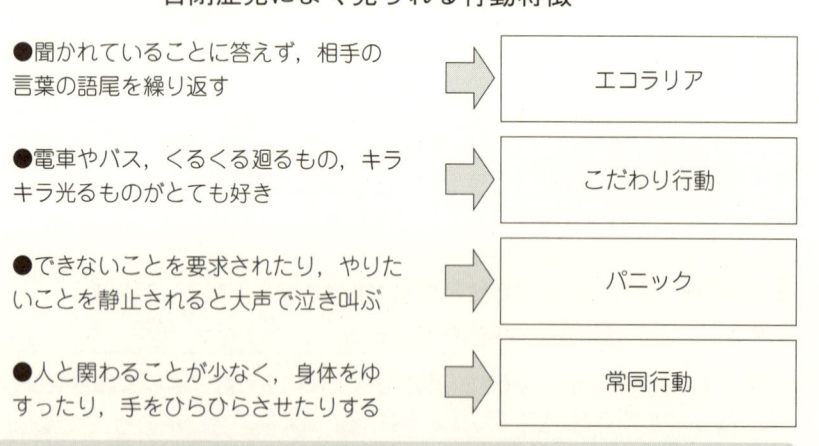

- ●聞かれていることに答えず，相手の言葉の語尾を繰り返す　⇒　エコラリア
- ●電車やバス，くるくる廻るもの，キラキラ光るものがとても好き　⇒　こだわり行動
- ●できないことを要求されたり，やりたいことを静止されると大声で泣き叫ぶ　⇒　パニック
- ●人と関わることが少なく，身体をゆすったり，手をひらひらさせたりする　⇒　常同行動

　すべての自閉症児にこれらの特徴があるというわけではありません。あくまでも自閉症児に「よく見られるもの」です。教育相談の中では自閉症の疑いがある場合に，こうした行動特徴が日常的に見られるかどうかを聞き取り，子どもの特性を理解していきます。

もしかすると，こうしたコミュニケーションの困難から，他者に対して積極的に関わろうとしなくなっている自閉症児もいるかもしれません（この因果関係についてはまだ完全には解明されていません）。

2.「不安」が強い自閉症児

　上記のような認知面の障害に加えて，自閉症は 50 ページに解説した「扁桃体」の障害仮説も指摘されています。つまり，自閉症児は「相手に接近するか」あるいは「相手から離れていくか」を決めるメカニズムに障害があり，接近するか，回避するかの判断が極端になってしまう特徴があるということです。たとえば，初めての場所に行くときに，どんな場所かわからないと私たちは多少，不安な気持ちになります。自閉症児はこうした不安が極端に大きくなりやすい障害をもっていて，初めての場所には一切，入ろうとしなかったり，初めて会った人を避けようとしたりしてしまうと考えられています。

　もちろん，「不安」＝「回避」の面だけでなく，「興味をもったもの」については極端に「接近」しようとすることもあります。これが，いわゆる自閉症児の「こだわり」へと発展しているのではないかと考えることもできます。たとえば，毛並みのふさふさした人形をさわっていることに強いこだわりをもっている自閉症児は，毛並みの感触（触覚）の心地よさに極端に「接近」している結果であると考えられます。

　この扁桃体障害説は，自閉症児の偏食の説明をする際にも有効です。自閉症児の偏食の原因に口腔器官の感覚の過敏性（たとえば，生野菜の歯ざわりが石を噛んでいるような感触があるなど）がある子どももいますが，「食わずぎらい」の偏食である自閉症児も多くいます。

　「食わず嫌い」というと「気持ち」の問題として捉えられてしまいますが，先ほどの「接近－回避」をつかさどる扁桃体の障害として捉えると，次のように説明ができます。すなわち，自閉症児は「初めて見たもの」に対して扁桃体が「怖い」と判断したり，「嫌悪感」をもったりします。私たちも初めて見た食べものは，「これはどんな味なの？」と尋ねてから口にするものです。このときに感じている違和感や不安が極端に大きくなってしまうのが自閉症児であり，理性的に「食べても大丈夫」と判断する前に，扁桃体が「回避」の判断をしてしまい，食べ物を口にできなくなっているのだと考えられます。

3.「自閉症児」と「私たち」をつなぐ支援をする

　認知障害説にしても，扁桃体障害説にしても，自閉症児を取り巻く困難は共通している点があります。それは，私たちの通常の感じ方と自閉症児の感じ方が異なっているということです。私たちが心地よいと感じているものが，自閉症児には恐怖心を覚えるようなものになっていたり，私たちがあまり関心をも

たないようなものに自閉症児は強く固執したりしています。

　こうした「自閉症児」と「私たち」の間に感じ方に「ずれ」があるのなら，この「ずれ」を埋めることに躍起になるのではなく，違いを違いとして認めていくような支援も時には必要でしょう。一例を挙げれば，私たちは，肢体不自由児に対して，「私たちと同じように歩きなさい」と言わず，車いすでの移動を認めるでしょう。それと同様に自閉症児も私たちと「同じやり方・感じ方になりなさい」というのは無理な要求をしているのだと考えられます。

　そこで，「自閉症児」と「私たち」をつなぐ支援というものが大切になってきます。たとえば，意味のすれ違いが生じやすいのであれば，教師は「余計な言い回しを極力少なくして話しをする」ということが，支援のひとつになります。また，「不安」が強くなっている場合には，スケジュール表やそこで出会う人たちの顔写真などを見せ，今後の活動に見通しをもたせて安心させるような支援も重要になります。自閉症児に関しては，こうした支援を通じて「すれ違い」が少なくなり，「不安」が軽減され，本来もっている能力を最大限に活用することができるようになるのです。

自閉症児に有効と考えられている支援

●先の見通しをもたせる
スケジュール表などで予定を予告をする
どのような人とどのような活動をするかを写真などで確認する

●シンプルにわかりやすく伝える
婉曲表現を避け，意味がはっきりするような話しをするよう心がける
子どもが理解できたかはっきりしないときは，自閉症児に対して聞いたことを反復させて確かめるとよい

自閉症児には避けた方がよい関わり方

●無理強いをする
●言葉で何度も説得しようとする
●「ダメ！」などの強い言葉で制止する

→「私たち」の意図を「自閉症児」に伝える工夫をする　【認知面】

→「自閉症児」の自己と他者のイメージが悪くならないように関わる　【情動面】

→わかりやすさが「安心」を与え「活動」に気持ちを向かわせる　【認知面】

→気持ちが「不安」「嫌悪」＝「回避」へ向かないような関わりをする　【情動面】

5　自閉症児の感覚過敏性への配慮

　自閉症児が特異的な行動を引き起こす理由の一つに，感覚の過敏性があると言われています（感覚の過敏性は重度知的障害児にも見られます）。すべての自閉症児ではありませんが，このような感覚の過敏性と，それに基づく強い不安感情を抱きながら生活している自閉症児がいます。たとえば，通常の蛍光灯がとてもまぶしく感じたり，周囲のざわつきがとてもうるさく感じたりしながら生活をしていると，ストレスもたまりやすくイライラすることも多くなるのは容易に想像できるでしょう。

　しかし，「どのように感覚の入力が行われているか」ということは，他者からはっきりと見えるわけではありません。そこで，本人の訴えが頼りになるのですが，自閉症児は他者に訴えかけたり，働きかけたりするのが苦手なので，何の配慮もされないまま日々過ごしていることも多くあります。こうした耐え難いストレスが積み重なり，いわゆる「問題行動」へと発展してしまっているケースも存在します。

　自閉症児の感覚の過敏性は特定の感覚に見られるわけではなく，「聴覚」「視覚」「触覚」「臭覚」「味覚」などあらゆる感覚に認められます。もちろん，感覚の過敏性がある自閉症児がこれらすべての感覚に過敏性があるわけではありません。「視覚」だけが「過敏」という人もいれば，複数の感覚に過敏性が見られる人もいます。また，感覚の異常には「敏感すぎる感覚」への配慮のみならず，「過敏」の反対の「鈍感すぎる」という場合にも配慮が必要なことがあります。たとえば，ごみなどの「とても臭い」においをかぎたがる自閉症児が存在しますが，これは「臭覚」が極端に「鈍感」なために，通常私たちが強いと感じる臭さが，自閉症児には「適度」と感じているのだと考えられます。

　感覚の過敏性への対応を考える場合には，まず次ページのアセスメントシートを用いてどの感覚に過敏性があるのかを把握しましょう（「よくある」ものを2点，「ときどきある」ものを1点，「あまりない」ものを0点として算出し，グラフ化してみましょう）。アセスメントができたら，自閉症児の日常生活上の困難と感覚の過敏性との関連性を整理してみましょう。そうすることで，自閉症児が活動に参加できる環境調整の方策が見えてくるのではないかと考えます。触覚の過敏性のある人に対して，乾布摩擦のように「感覚に慣れさせる」アプローチがないわけではありませんが，感覚の過敏性への対応は基本的には嫌悪感を感じている刺激を除去するといった環境調整を行うことが原則です。

① 聴　覚	② 触　覚
□ 教室がざわつくと耳をふさぐ（ざわつき）	□ 砂粒などのざらざらしたものに不快感を感じる
□ 人ごみやスーパーなどで耳をふさぐ（ざわつき）	□ 特定の生地の材質が不快に感じる
□ 飛行機や車のエンジン音がきらい（大きな音）	□ 裸足になることを嫌がる
□ 工事の音がきらい（大きな音）	□ 服や鉛筆などを噛み，触刺激を好む
□ 特定の人の声が好き/嫌い（特定の音）	□ スプーンなどが口にあたるのを嫌がる
□ 特定の音楽を好む/嫌う（特定の音）	□ 髪や顔を触られるのを嫌がる
□ 運動会のピストルの音が嫌い（突然の音）	□ エプロンの紐などが首につくことを嫌がる
□ 電話のベルやチャイムが嫌い（突然の音）	□ 絵の具やのりなどが手につくことを嫌がる
□ バリカンの音がきらい（機械音）	□ 手で水を触ることを極端に好む/嫌がる
□ 掃除機の音がきらい（機械音）	□ 袖の長さが同じでないと気になってしまう

③ 視　覚	④ 口腔機能に関すること
□ 人が動き回るのを嫌がる	□ ゴミなどの強いにおいが極端に好き/嫌い〈臭覚〉
□ 光っているものを注視する	□ 石鹸などの臭いがとても好き/嫌い〈臭覚〉
□ 新しい人が部屋に入ってくるたびに反応する	□ 体臭をかぎたがる〈臭覚〉
□ 蛍光灯がまぶしい/電気のチカチカが気になる	□ 食べ物のにおいをかぐ〈臭覚〉
□ 縫い目がとても気になる	□ 食べ物以外のものを食べる〈味覚〉
□ 顔を近づけると過剰にいやがる	□ 嫌いな物が口に入ると食べたものを吐く〈味覚〉
□ 暗いところを極端に好む/怖がる	□ 濃い味を好む/濃い味がわからない〈味覚〉
□ 特定のマークや色にこだわりがある	□ 同じものばかり食べる（食わず嫌いではない）〈味覚〉
□ 特定のコマーシャルにこだわりがある	
□ 鏡に映る自分をじっとみつめる	

⑤ その他（前庭感覚・固有感覚・痛覚）
□ 高いところが極端に好き/極端に怖い（前庭感覚）
□ 頻繁にくるくる回る/跳んだりはねたりする（前庭感覚）
□ 強くマッサージすると落ち着く（固有感覚）
□ ソファー等の体を締め付ける感覚が好き（固有感覚）
□ 打撲や切り傷などにとても敏感/鈍感（痛覚）
□ 暑さ寒さに耐えられない/とても鈍感（温覚）
□ 熱いもの・冷たいものにも平気で触る（温覚）
□ 爪はぎ等，痛いと思われることをする（痛覚）

出典：自閉症に関する文献を参考にしながら新井が作成した。

Chapter 3
特別支援教育と「学級づくり」・「学習支援」

Chapter 3 のポイント

キーワードは「共同性」と「多様性」

1.「違い」を認め合う学級づくり

「気になる子ども」が学級にいる場合，学級担任の気持ちとしては「あの子をどうしたらよいのだろう？」とか「あの子ひとりに手をかけてはいられない」など，「気になる子ども」への対応に目を向けてしまいがちです。しかし，「気になる子ども」がいる学級こそ，学級全体の力学を考えて対応することが必要です。

「学級」内で生じるさまざまな問題は，「気になる子ども」に一方的に原因があるのではなく，周囲の子どもの「からかい」や「悪ふざけ」などが関係していることも大いにあります。特に，気になる子どもが「基本的には穏やかな性格」であり，「自分から暴力をふるったりすることはあまりない」子どもであれば，多少，いろいろなことができなくても学級に順応しているケースはたくさんあります。そうした基本的には穏やかな性格の子どもが「落ち着きなく」「周囲からもからかいの対象」になってしまっているというのであれば，「学級づくり」をもう一度見直さなければなりません。

「学級づくり」の基本は「共同性の確立」です。多様な子どもが一つの空間に一緒にいることが「学級」ですので，「みんなを同じように扱おう」とすればするほど「少し違った子ども」が浮いてきてしまいます。そこで発想を転換して，「そもそもみんな一人ひとり違う」のだから，「クラスの子どもへの対応も一律でなくてよい」と考えてみてはどうでしょうか。たとえば，自閉症児がクラスにいたらその子どものスケジュールボードを作成してあげる，日本語があまり話せない外国人がいたら，学級で日本語を教える機会を作ってみるなど，特別な支援の必要な子どもみんなに対して「特別扱い」を認めるのです。

このように書くと「教師はスーパーマンではないのだから，一人で何人もの子どもを特別扱いするのは無理だ」という声が聞こえてきます。こうしたときに立ち返るのが「共同性」です。支援の必要な子どもに対応するのは決して教師一人である必要はありません。教師はクラスの助け合いを促していくような言動を意図的に繰り返し，クラスを自然とそうした雰囲気にすることが必要です。その際に教師は「クラスを○○のようにしたい」という方針・価値観をもっていることが大切です。子どもたちは，教師のこうした方針や価値観を必ず感じ取り，「助け合い」の精神が生まれてくるのだと思います。また，「クラス

として認められない言動」など最低限のルールを決めることも，多様な人たちが「共同」で暮らしていくには必要なことです。

こうした「学級づくり」はけっして特別支援教育として行うというものではなく，これまで日本の教育が培ってきた「学級づくり」のノウハウを活かせば十分に実現可能なものであると考えます。

2. 教師と子どもの「関係性」を発展させる

学校現場で教育相談をしていると，さまざまな「教師」と出会います。その中には，「教師たる者，こうあらねばならない」というような雰囲気をもつ教師もたくさんいます。「教室からふらふらと抜け出してしまう子ども」を担任している教師は，落ち着きのない子を何とか「机に向かい，座らせて勉強させたい」と考えているし，「放任ぎみの保護者」に対しては，「子どものために時間を割いてもらうために親にどのように言うか」を考えているなど，アプローチが一つであるように感じることがあります。

本来，「教師」という存在は，もっと個性的であるべきでしょう。さまざまな特徴の「子ども」がいるのと同じように，さまざまな特徴をもった「教師」がいておかしくありません。そのように考えると，学級での教師と子どもの関係性も，決して固定的なものではあり得ません。

つまり，「学級づくり」には「こうすればうまくいく」という王道があるわけではないということです。教師自身のキャラクターと子どもたちのキャラクターがぶつかったところに「学級」が生まれます。その「学級」に「気になる子ども」がいた場合も同様です。時には厳しく子どもを諭し，時には「まあ，いいか」と大目に見る。何が正しくて，何が間違っているかということは，誰にも判断できることではないのです。

しかし，何でも自由にさせて良いということとは違います。「絶対に認められないこと」＝「教師の枠組み」を示しつつ，その枠組みの中では子どもに自由に活動させるといった対応が大切です。教師もその枠組みの中で，子どもと向き合い，「これで良かったのか」と常に揺れているというのが普通の姿です。

子どもは「教師」の考え方（「枠組み」）の中で，さまざまな活動をくり広げながら「規範」を学んでいきます。「規範」とは固定的なものではなく，「Aという問題が生じたときに，Bという解決方法もあれば，Cという解決方法もある」というような，より柔軟で多様な解決策を選択することができるものです。

たとえば，学級対抗のゲームを学年で企画したとします。ホームルームの時間にゲームに勝つための作戦会議が開かれたとき，ある子が「先生，みんなでやらなければいけませんか。T君がいると負けちゃうよ」と発言をしたとしま

学校に「共同体」をつくる

子どもの世界
- あいつがいると負けちゃうよ（友達）
- 僕には友達なんかいない（T君）

学校・社会の常識
- 人と関わることが苦手な子も含めてみんなで仲良くする

共同体の形成

→ どうしたら受け入れられるかを子どもたちにも考えさせる
- 特別ルールを認める寛容さ
- みんなでルールを作ることの大切さ

→ 学校・社会として譲れないラインを明確に示す
- 「みんな」の居心地がよいこと
- 学校は子どもたちが作り上げるもの，という教師間の共通認識

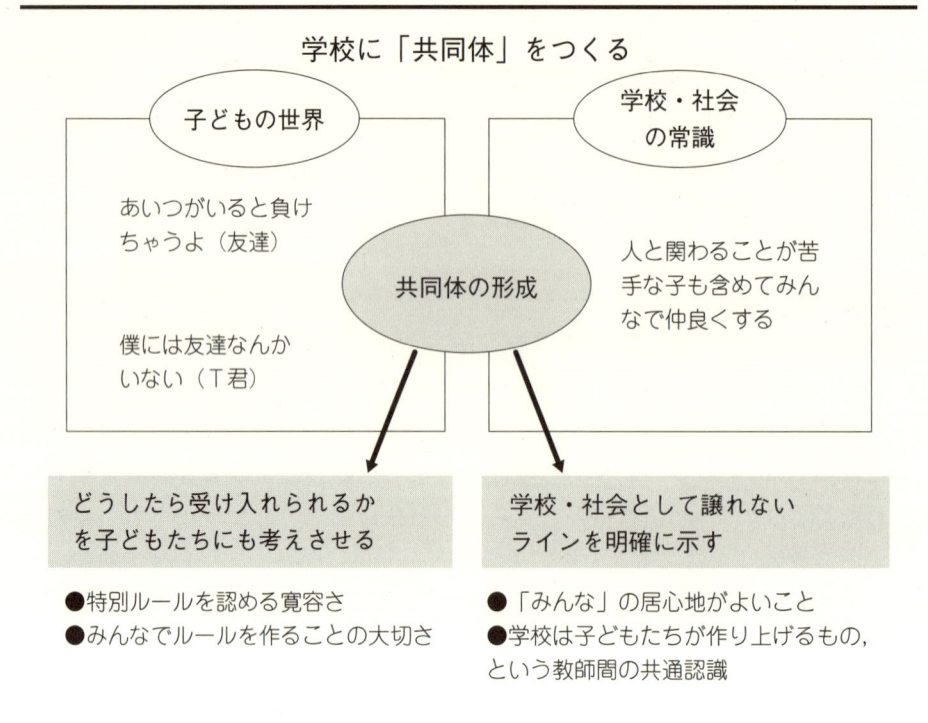

す。このとき，その場にT君がいなかったとしても，T君はそうした学級の雰囲気を感じとり，「僕なんかいないほうが良いんだ」という気持ちになるでしょう。

　こうした状況の中で教師の「指導性」が発揮されます。「みんなでやらなければなりません」という譲れないラインを最初に明確に示した上で，T君が入っても負けないような作戦は考えられないのか，子どもたちに投げ返さなければなりません。できれば，教師が「〜しなさい」というのではなく，あくまでも学級の一員であるT君を排除せずに，「みんな」が楽しめる方法を子どもたちどうしで話し合うように働きかけられればより良いでしょう。

　T君の障害が能力的にゲームへの参加が難しいような場合には，学年全体で「特別ルール」を作ることも良いかもしれません。たとえば，シュートを打たせるときには，ゴールまでの高さや距離を調節したり，短くしたりするなど，学年で共通のルールを作ってもよいでしょう。

　大切なことは，「みんな」でゲームを楽しむという姿勢を教師が本気で子どもたちに見せることです。そうすることで，子どもたちもある特定の子どもだけを排除することはしなくなります。こうした気持ちが子どもたちに芽生えてきたら，「特別ルール」の考案などは子どもたちに任せて自主的に運営させることも一つの方法です。大人より頭が柔軟な子どもたちのほうが，配慮を必要とする子どもの支援方法をいくつも考案するものです。

3.「授業づくり」の改善が最終目標

　特別な支援を必要としている子どもにとって,「学級」がとても居心地の良いところにすることはとても大切です。これは,特別支援教育のみならず,不登校児への対応でも同様に言われていることです。

　しかし,「学級づくり」を成功させた先にある大きな問題にも目を向けなければなりません。それは,「授業づくり」の改善です。学級で気になる子どもの多くに「学習上の困難」が認められます。学級での落ち着きのなさや友達とのトラブルも「授業がわからない」ことからくるストレスが関係していることも大いに考えられます。

　「授業づくり」を考えるときにも,「柔軟」かつ「多様」な対応が求められます。日本の学校では教科書を使って,同じ学級の子どもが同じ内容を,同じ進度で学習していることが基本になっていますが,子どもの学習進度は一人ひとり異なります。「授業づくり」では,全体の進度と個々の学習課題の間に生じるギャップをどのように埋めるかが常に問われるのです。

　最近の小・中学校の授業では,個別ワークやディスカッションの時間も多く設定されるようになってきました。こうした時間を有効に使って「柔軟」かつ「多様」な対応を試みていくことが大切です。その一例を挙げると次のような対応が考えられます。

- 机間巡視の際に「気になる子」に指導する
- プリントを複数用意し,子どもの学習進度に応じて課題を分ける
- 質問する内容の難易度に応じて指す子どもを分ける
- グループ学習を多くし,子ども同士の教えあいの機会をもうける
- 習熟度別にグループを編成し,子どもの学習到達度に応じて子どもの学習内容や指導方法を分ける

　こうした学級での指導を多様に提供することのほかに,休み時間や放課後を利用して「補習」を組織的に実施したりすることも効果的なケースがあります。もちろん,通級指導教室のような特別な場に週に何回か通い,苦手なところを補うような授業を受けることも否定されるべきものではありません。究極的には,「一人ひとりの学習の計画は,一人ひとり異なっていて当然（このような学習計画のことを『カリキュラム』と言います）」という考え方を学校内でもてるようにすることが,「多様な学習支援」を実現する基礎となります。

File 7

「自信」をもたせる学級活動

中学生　場面かん黙　発達の遅れ　保健室

　G児は中学校2年生の女子。家ではとてもおしゃべりなのに，自分のクラスにいるときは，ほとんど発語のない子どもであった。ただし，G児は毎日学校に来ないといけないという意識はあったので，「学校」には登校してきていた。しかし，教室に入ろうとするとお腹が痛くなることが多く，保健室に登校する日が続いた。
　保健室の先生の話では，保健室では「おなかすいた」などの短い言葉が発せられてはいるようで，少しずつ気持ちを外に出し始めているとのことだった。G児は学習も大きく遅れていて（発達の遅れも多少，見られる），学級では萎縮してしまうことが予想された。特に国語や数学などのいくつかの教科では，学習への拒絶反応が強く，そうした教科の時間には無理に教室に行くことをすすめられない状況であった。保健室の先生と学級担任の間では，折を見て保護者と面談し，今後のG児の学習の場を検討するために話し合う必要があるということで一致していた。
　保護者と話し合う前に，保健室でもう少し会話ができるようになり，いろいろな活動ができるようにしたいと考えた。そこで，G児が「学校は楽しい」と思えるような活動をいくつかさせてみたいと考えていた。G児が保健室を居場所と思えるような働きかけを大切にしながら，学校の中でG児が活躍できる取り組みができないだろうか。また，そのときのG児への関わり方の原則を学校で統一しておきたいと考えた。

相談場面

- G児はどのようにしたらもっと学校で話ができるようになるのかを知りたいと思い，学級担任が特別支援教育コーディネーターに相談した。
- 特別支援教育コーディネーターは，「場面かん黙」に関する本を片手に，学校でできることは何かを学級担任と話し合った。

File 7 「自信」をもたせる学級活動

1 支援の原則を立てる
- 話ができる場面と,話せなくなってしまう場面を整理する。
- 話ができなくなる場面から,子どもにとって何が負担になっているのかを考え,支援の原則(方針)を立てる。

話が少しできる場面	話ができなくなってしまう場面
↳	↳
(話す時の様子は?)	(話せないときはどんな様子か?)

	配慮事項をまとめてみよう	学校・学級での対応方針を考える
「場面かん黙」に対する一般的配慮		
知的な遅れ・学習の遅れに対する配慮		

ケース検討のポイント!
- 特別支援教育コーディネーターや教育相談担当者であっても,子どものすべての困難を知っているわけではありません。「場面かん黙」への配慮などは,参考書を見ながら検討してもかまいません。
- 「場面かん黙」の特徴に加えて,「知的な遅れ」に対する配慮もあわせて検討しましょう。

Chapter 3 特別支援教育と「学級づくり」・「学習支援」

2 ケースを見つめる教師の「眼」

1.「場面かん黙」の多様な背景

　「場面かん黙」は，話ができなくなる環境（今回のケースでは「学校」）に入ると心理的ストレスが大きくなり，話しができなくなる状態を言います。

　もっとも考えられる「場面かん黙」の理由は，中学生であれば「人間関係」でしょう。友達とうまくいかなくなって，嫌がらせをされたり，仲間はずれにされたりして，「学校」や「教室」という場において本来の能力を発揮できなくなってしまうことがあります。一方，G児のように，学習の遅れが相当程度あって，学校での学習がまったくわからなくなっているケースでは，勉強すること自体がストレス要因になっている可能性があります。

　知的な遅れのない子どもでも，自信をもっていた教科で先生から指されて答えられなかったことが自信喪失につながり，「授業」という「場面」をとても怖いと思うようになった，などということも考えられます。

　こうした「場面かん黙」の子どもに対しては，学校で引きずるようにして無理やり教室に入れようとするような指導は効果がありません。多様に存在する子どもの心理的なストレスを考慮して，どのような支援を提供することが可能

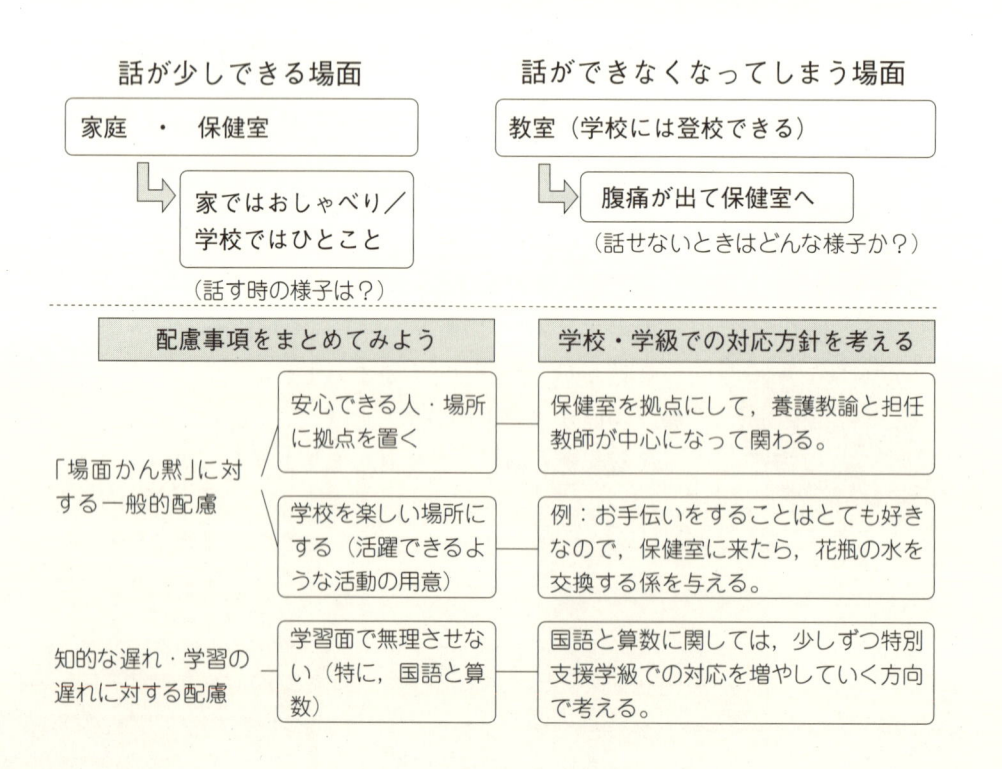

話が少しできる場面	話ができなくなってしまう場面
家庭 ・ 保健室	教室（学校には登校できる）
↓	↓
家ではおしゃべり／学校ではひとこと	腹痛が出て保健室へ
（話す時の様子は？）	（話せないときはどんな様子か？）

	配慮事項をまとめてみよう	学校・学級での対応方針を考える
「場面かん黙」に対する一般的配慮	安心できる人・場所に拠点を置く	保健室を拠点にして，養護教諭と担任教師が中心になって関わる。
	学校を楽しい場所にする（活躍できるような活動の用意）	例：お手伝いをすることはとても好きなので，保健室に来たら，花瓶の水を交換する係を与える。
知的な遅れ・学習の遅れに対する配慮	学習面で無理させない（特に，国語と算数）	国語と算数に関しては，少しずつ特別支援学級での対応を増やしていく方向で考える。

であるかを検討し、子どもが学習に復帰していけるような体制を校内で整備していくことが大切です。

2.「学習」の基盤となる「安心」と「自信」

　G児のように,「授業がわからない」ということ自体がストレス要因になっているのであれば、G児への対応は「わかる授業」の提供ということになります。こうした意味で、特別支援学級などのような個別的に対応することができる場所を利用して様子を見るというのも一つの方法だと考えられます。

　しかし,「場面かん黙」になるほどの強いストレスがかかっている子どもの場合は、単に学習環境を変えたからうまくいくというものではありません。特に,「場面かん黙」が長く続いているケースの場合には,「場面かん黙」のきっかけとなったこと自体は子どもの中であまり大きな問題ではなくなっている、ということもあります。こうした子どもは,「きっかけ」はどうであれ、その場面に関係することがらを生理的に拒否するようになっていると考えられます。つまり、環境を変えても、新しい環境が拒絶してきた場面と同じような雰囲気をかもし出すところであれば、やはり子どもはその場面を拒絶してしまうことがあるということです。

　日本の学校教育は、学校を設置する際の基準が明確に示されていて,「学校」という雰囲気が均等化されています。たとえば、教室には黒板があり、机に座って先生の話を聞くというスタイルは、どこの学校でも同じでしょう。これは、特別支援学級といえども同じです。「場面かん黙」の子どもが特別支援学級に入っても、プレイルームには行くが、机に座って勉強することは拒絶するなどということがあったとしても、不思議ではありません。

　G児が保健室なら「居場所」にできるというのも,「教室」とか「授業」のもつ雰囲気とは少し違った場所だからであると考えられます。こうした子どもに対しては「保健室」という「居場所」を大切に考えなければなりません。そして、まずは「保健室」を活動拠点にして、少しずつ活動する中で「自信」をもたせることが大切です。

　もちろん、養護教諭一人にG児の支援を任せることは好ましいことではありません。学級担任や特別支援教育コーディネーターはできる限り、養護教諭と協力してG児への支援にあたるべきでしょう。このとき学級担任やコーディネーターは、養護教諭の接し方などを参考にして、G児にとって「安心」できる存在となるよう心がけることが大切です。

Chapter 3　特別支援教育と「学級づくり」・「学習支援」

3　「できる」活動を与えて「ほめる」

1. 好きなことを「係」にする

「子どもが活動の中で自信をつけていく」というイメージは，多くの小・中学校では次のようなものではないかと考えます。

> 子どもができそうな活動（課題）にチャレンジして，子どもが課題を克服しようと努力している姿をほめ，「できた」という達成感を子どもに味わわせる。

こうした中で多くの子どもは自信をつけ，もっている力を飛躍的に伸ばしていきます。しかし，「場面かん黙」の子どもや発達障害のある子どもには，こうしたアプローチが時に高いハードルとなり，自信をさらに喪失させてしまうことがあります。

もともと，学校の通常の活動の中で十分に能力を発揮できないでいる子どもたちに対して，「できそうな課題にチャレンジさせる」ことは大きなリスクを伴います。いずれはそうしたチャレンジをさせることがあるかもしれませんが，学級に入れないでいる子どもには，まずは次のように考えるべきです。

> 子どもが確実にできる活動（課題）を与えて，その活動に取り組もうとする姿をほめ，「できた」ところでさらにまたほめる。

学校での活動に自信を喪失している子どもは，先の見通しが立たない活動には参加しないことが多くあります。これは，意識的にであれ，無意識的にであれ，「これ以上，失敗したくない」という思いを強くもっていて，新しいことにチャレンジするよりも，むしろそれを回避しようという気持ちになるからです。

こうした理由から，G児のような自信を喪失している子どもに課す活動（課題）は，「自分でもできる」と思えるようなものにする必要があります。子どもが好きな活動を「〇〇さん，これやってくれる？」というように，教師が頼むのも一つの方法かもしれません。子どもにとってみれば，気軽に教師に頼まれたことをやってみたら，「ありがとう」と言われたというような「活動」が自信の源になります。中学生であれば，それを「係」のようにしてあげて，学校の一員として「社会的役割」を果たしていると感じさせる工夫も有効であると思います。

2. 「揺れる気持ち」に寄り添う教師

　心理的に強いストレスがかかり，学校や教室に入れなくなっている子どもは，教師が想像している以上に「気持ちの揺れ」が大きいと考える必要があります。「確実にできる」活動を与えて，それを「係」として位置づけることができ，子どもも「やりがい」を感じて活動していたとします。ところが，1週間くらいすると，「もうやらない」と言い，まったくやらなくなってしまうこともあります。

　こうした子どもに対して，どのように対応したらよいでしょうか？　考えられる方法は大きく分けると次の2つです。

> 1. 「『係』にしたのだから，多少，嫌でも続けてみようよ。先生は○○さんが〜してくれると嬉しいな」と活動の継続を促す。
> 2. 「無理しなくていいよ。できるとき，やろうと思ったときにまたやってくれればいいから」と係活動の中断を許容する。

　当然のことですが，どちらの方法が正しい，というものはありません。子どもの状態に応じてこの2つを使い分けることが重要です。人は，そもそも自由でいたい存在です。授業や係活動などのように，ある程度の「規制（枠組み）」が存在する活動に参加するには，日々の生活に満足していることが条件となります。しかし，心理的に大きなストレスを抱えて生活してきた子どもにとっては，日常生活の何気ない「規制（枠組み）」をストレスに感じてしまいます。たとえ好きなことであっても，「係活動」となった瞬間に，「規制」を強く感じてストレスとなり，「もうやらない」という気持ちになるのです。

　究極的には，「人と関わる」ということは，そこに約束やルールが存在するものであり，「規制（枠組み）」が生まれます。これがストレスに感じて，ある場面では「かん黙」の状態になるのです。このように考えると，「かん黙」への対応を始めたばかりの段階では，あまり無理をさせずに「できるときにやってくれればいいから」という対応を選択することが望ましいといえます。

　ただし，一度はやろうとした活動であれば，活動自体が嫌なのではなく，心理的に「疲れた」だけなのかもしれません。そうであれば，数日，その活動を休ませたあと，「また，やってみない？」と誘ってみるのも良いでしょう。疲れたら休ませる。でも，チャンスをみて働きかける。これが，心理的にストレスを抱えた子どもの「揺れる気持ち」に寄り添う教師の対応の原則であると考えます。

　いつ，どのような場面で，何を，どのくらい要求していくか。ここに明確な答えはありません。教師と子どもの距離感を保ちつつ，時間をかけて子どもが少しずつ活動できるように支援していく（見守っていく）ことが大切です。

4　心理的な「孤立」がもたらす困難

1. 人との心理的なつながりが長い間，遮断されると…

　長い間，強いストレスがかかる環境の中にいると，人は他者との関係を遮断しようとします。「誰もわかってくれない」という気持ちが強くなれば，自分の気持ちを誰かに伝えようとするのではなく，「誰とも話さない」と決めて，「引きこもり」の状態になることも想像できるでしょう。

　感受性の強い子どもであれば，「学校には無理していかなくてもいいんだよ」と教師や親が口にしても，その発言の裏に「本当は学校に行ってほしいんだけど…」という大人の気持ちを読み取ってしまいます。こうしたケースでは，無意識のうちに本音で話してくれない親や教師を心理的に遮断してしまうことがあります。そのため，人との関係を遮断するようになった直接的な原因がわからないまま，問題が深刻化してしまうことがあります。

　人との心理的なつながりが長い間，遮断されると，多くの場合，人は「独善的な思考」を始めます。「独善的な思考」とは，「一生懸命やっても，どうせだめなんだ」とか，「俺はみんなに嫌われている」など，本当にそうなのかを確かめる前に自分で勝手に考えて，勝手に結論を出していくことです。こうした「独善的な思考」が展開されている間は，他者（大人）が「〜してみたら？」

と提案をしても，あまり効果がないことが多くあります。むしろ，言葉で正論を伝えれば伝えるほど，「独善的な思考」は進んでいき，しまいには「社会は俺を見捨てた。親だってそうだ。だから，俺は部屋に引きこもる」などというような非社会的な行動をとるようになります。また，その逆に「やられる前にやらないと，ひどい目に遭うかも」というように考え，家庭内で暴力をふるうようになったりします。

2. メッセージを投げかけながら，見守る姿勢

　ちょっとしたことがきっかけで，心理的なつながりを遮断したり，「誤解」や「ほつれ」が解けずに長い間，継続してしまい，「引きこもり」や「かん黙」の状態に陥ることがあります。こうした，ちょっとしたきっかけはいつ，誰でもあるものですから，こうした状態に陥ったことに対して，「誰が悪かったのか」という議論は不毛なことです。大切なことは，こうした状況に陥った場合に，どのような対応をとるかということだと考えます。

　心理的につながりを遮断している人に対して，「将来どうするのか？」とか，「勉強が遅れていくよ」などという言葉は，かえってマイナスに作用することがあります。それは，こうした言葉は理性的には理解できても，心理的に許容できるものではないからです。むしろ，「今度，一緒に遊ぼう」とか，「好きなゲームの話をしない？」というように，「この人とならつながっていてもいいかな？」と相手に思わせるような働きかけを続け，心理的なつながりをつくることが先決です。

　もちろん，はじめから相手が心を開いてくれるものではありません。最初は，会ってもくれなかったから，手紙だけ置いて，保護者と30分くらい話をして帰ってくることを半年くらい続けた，などという実践もあります。無理のない範囲で，じっくり腰をすえて関わることが重要です。

　一方で，関わりを拒否する子どもを「そっとしておいてあげたほうがよいのではないか？」という理屈のもと，対応しないまま放置することも望ましくありません。関わりをもたずに，放置すれば，子どもの独善的思考は高まるばかりです。独善的思考が高まり，一種の攻撃性が子どもの中に芽生えたとき，もっとも安全なシェルターであった家族に対して「暴力」をふるうことがあるのは先に述べた通りです。

　「あなたのことをずっと見ている」というメッセージを相手に伝わるように働きかけつつ，しかし，過度に近づきすぎずに「見守る」姿勢を続けること。これが，「引きこもり」や「かん黙」の状態に陥っている子どもへのアプローチの原則です。子どもが自ら他者とつながろうとする気持ちが芽生えるまで，適度な距離を保ちながら根気強い「支援」を継続することが大切です。

Chapter 3 特別支援教育と「学級づくり」・「学習支援」

5 みんなが「休みたい」と言ったら？

【クラスのある子からのクレーム】
「○○さんだけ休んでばかりでずるいよ。私だって休みたいのに，休まず頑張っているんです。先生，こういうのを『ひいき』というんじゃないんですか！」

【先生はどのように返答しますか？】

↓

【クラスの多くの子どもがこのような訴えをしたら，どのようなクラス経営をしますか？】

1.「訴え」を聞く姿勢を見せることが大切

　現代の子どもはさまざまな理由・背景から，何らかのストレスを抱えて日々生活しています。そのため，G児のようにはっきりと「腹痛」などを訴えて，教室に入れない子どもだけでなく，一見，何も支援が必要ないと思われる子どもの中にも，「G児のように休みたい」と思っている子どもはたくさんいると思われます。
　それでは，教師は，クラスの子どもから「私も休みたい」と訴えられたらどのように対応すればよいでしょうか。

あなたは病気ではないのだから，我慢してがんばりなさい

という返答はどうでしょうか。こうした返答は，「G児だけは特別扱いをする」こと，「病気の人は自分たちとは違う存在である」ことを教師が意見表明したことになります。これは，「みんな同じ（権利や義務を負っている）」ということを学校で学んできた子どもたちにとっては，違和感を覚える意見表明であり，今後のクラス経営に多少なりとも影響を与えることになるでしょう。
　「G児だけ休むなんてずるい」という訴えを教師にしてきた子どもは，どのような気持ちなのでしょうか。これは，「私も休みたい」という素直な気持ち

であるとともに,「私も特別扱いをしてほしい」という気持ちだと考えられるのではないでしょうか。そうだとしたら,こうした訴えをしてきた子どもには,次のように返答してみてはどうでしょうか。

　　　わかった。あなたの話は保健室ではなく,特別に先生が聞いてあげる。
　　　休んでいいから,休みたくなるときの気持ちを話してくれない？

　この返答の特徴は,「休む」か,「頑張る」か,という行動を決めるのではなく,子どもの「訴え」をもっと詳しく聞かせてほしい,ということを伝えるものになっています。こうした返答を受けて,子どもが話をしたいと思えば,たくさん話して,子どものストレスが緩和できるでしょう。また,先生に気持ちを話してまで休みたいと思わない,という元気な状態であれば,子どもはそのまま活動に戻っていくでしょう。

2.「みんな」を特別扱いにするクラス経営

　クラスの子どもの多くが慢性的にストレスを抱えている場合には,「休んでもいい」というメッセージを教師が投げかけると,それまで張りつめていた糸が切れるかのように,みんなで「私も休む」と言ってくるかもしれません。そうした状態になってはいけないと,教師が常に子どもを鼓舞して頑張らせることも一つの方法かもしれませんが,こうした方法は長続きせず,いずれは雪崩のようにクラスが崩壊していくことになるのではないかと思います。

　こうした状態にならないために,学級経営としては「みんな」を特別扱いするということを教師がクラスの子どもにメッセージとして伝えることが大切だと考えます。

　　　　　みんなの話を順番に聞きます。誰から話を聞きましょうか？

と子どもたちに話し,クラスで行っている活動をいったん止めてでも,こうした対応を行うほうが最終的には学習の成果はあがるのではないでしょうか。クラスの子どもの多くが「認められた」「満たされた」という思いをもつようになることが,クラス全体の学習意欲を高めるのだと考えます。

　このとき,クラスの子どもたちの力を信じて,「誰から話を聞きますか？」というようにクラス全体に今後の進め方をゆだねることも大切です。こうすることで,子どもたちが主体となり,教師が子どもたちの意思に寄り添う姿を見せることができます。もちろん,担任一人で対応できない場合には,一人で抱え込まずに他の先生に応援を頼むことも大切なことです。

File 8

「先生が指してくれない」と怒る子

小学生　アスペルガー症候群　こだわり　パニック

　H児はアスペルガー症候群と診断された小学1年生。学級での学習はほぼ理解できているが，自分の気に入らないことがあると，授業妨害をするところが見られた。たとえば，「わかった人」と教師が挙手を求めても，答えを先に言ってしまうことが多い。それを見た担任教師が「黙って手を挙げましょう」というふうに子どもへの声かけを工夫すると，H児は答えを言わずに挙手できるのであるが，今度は指されなかったときに気持ちを落ち着かせることができず，「先生は私のことが嫌いだから指してくれない」などといって，大声で怒り始める子どもであった。
　2学期になると，教師の特徴を見抜くようになっていて，「この先生は好き」「この先生は嫌い」という色分けをするようになってしまった。好きな先生の授業は一生懸命取り組むが，嫌いな先生の授業は始めから教科書を出さないで好きなことばかりしている。時には，好きなキャラクターグッズを机の上において，「○○ちゃん。ごはんの時間です」などというようにキャラクターと会話を始め，授業を妨害するようになってしまった。
　こうした授業妨害に対しては，他の子どもが正義感をもって「Hさん，今は授業中です」などと教師のように諭すこともあったが，そうした友達からの叱責はH児のストレスになっているようで，それがもとで授業中にH児が友達とけんかを始めてしまうこともあり，授業がうまく進行できないことがたびたび見られた。

相談場面

● 学級担任から特別支援教育コーディネーターへ。
● H児が「授業妨害」をしないで授業に参加できる方法はないか，具体的な手だてを聞こうと相談した。

File 8 「先生が指してくれない」と怒る子

1　障害特性に配慮する
● H児が好んで「授業妨害」をしているわけではなく，教師に気持ちを「訴えかけている」と捉えることが大切。
● 障害特性に配慮して対応するにはどのような方法が考えられるか？

アスペルガー症候群の特性から子どもの行動の理由を考えてみよう

「手を挙げても指してくれない」　　　　授業中にキャラクターと会話
と怒るのは？　　　　　　　　　　　　をするのは？

[　　　　　　　　]　　　　　　　　　[　　　　　　　　]

どのようなアプローチを立てるとよいでしょうか？

[　　　　　　　　]　例1　[　　　　　　　　]

[　　　　　　　　]　例2　[　　　　　　　　]

共通する
指針は？　[　　　　　　　　　　　　　　]

ケース検討のポイント！
● 行動の裏にある子どもの気持ちを推測することが大切。そのときに，「障害」の特性についても考慮して，子どもの行動の理由を考えられるようになると良い。
● 一つの行動への対応方針は一つでなくても良い。ある方針で対応してみて上手くいかなければ，次の方針で対応してみるという多様なアプローチを考えることが大切。

2 ケースを見つめる教師の「眼」

1.「見えないルール」を理解する支援

　H児のような困難を示す子どもを，職員室などでは俗に「空気が読めない子」などと表現しているかもしれません。「空気が読めない」というのは確かですが，こうしたあいまいな表現を使って子どもの状態を話していても，その後の指導方法を導き出すことはできません。

　「空気が読めない」という意味は，「見えないルール」を理解することができないことを言います。このように言えば，「見えないルール」を子どもに見えるようにしてあげることがH児への具体的な支援になると考えられるでしょう。たとえば，「答えがわかったら，教師に指される前に答えを言ってしまう」ということに対しては，教師が発問をして「わかった人」という言葉を子どもたちに話すと同時に，「黙って手を挙げましょう」と書かれた札のようなものを子どもたち全員に見せるようにすれば，「見えないルール」を理解することができるようになります。

アスペルガー症候群の特性から子どもの行動の理由を考えてみよう

「手を挙げても指してくれない」と怒るのは？	授業中にキャラクターと会話をするのは？
指す先生の気持ちを想像することが難しく，いつでも「指してくれる」と思いこんでいる。	授業に参加するのが嫌なので，「こだわり行動」が頻発している

どのようなアプローチを立てるとよいでしょうか？

○番目に指すからね。それまで，あなたの意見を黙っていてね。	例1	課題を課したことについては，しっかり取り組ませ，あとは自由にさせる。
あなたの意見は先生だけに教えてくれる？　この紙に，そっと答えを書いてみて。	例2	キャラクターで遊ぶ時間と授業に取りくませる時間を分ける（話し合って約束ごとをつくる）

共通する指針は？　子どもの意見や行動を全面的に否定しないで，妥協点を探ること

2.「指してくれない」と泣く子の「気持ち」

　それでは,「先生は私のことが嫌いだから, 手を挙げても指してくれないんだ」と大声で泣くH児に対して, 教師はどのような対応をするのが良いのでしょうか。H児の発言には, 事実と異なること＝H児に独特なものの考え方をする特性があり, そこに反応する教師が多いのではないかと思います。たとえば「先生はあなたのことを嫌いではないよ」という反応です。

　しかし, そうした表面化した言葉に反応するばかりでは, 話が先に進まないことがあります。たとえば,「あなたのことは嫌いではないよ」という言葉に対して, 子どもは「私のことが好きなら指して」と返してくるかもしれません。また,「順番に指していくから待ってて」と返したら「何番目に指してくれるの？」と聞いてくるかもしれません。一見, こうした子どもの反応は「へりくつ」と見ることもできますが, 他者の意図を理解することが苦手なアスペルガー症候群の子どもには切実な問いかけです。

　H児の「訴え」を教育相談の原則に照らして考えると,「事実」を見るのではなく,「気持ち」を聴くことが大切であると考えます。すなわち, H児は「指してくれない」と怒り, 泣いてしまう裏にあった気持ちは何かを考えることです。おそらくH児は「答えがわかった」ことをうれしく思い,「先生やみんなに伝えたかった」のだと思います。H児の気持ちをそのように理解したら, H児に対して,「指す」か「指さないか」ということで争うのではなく, H児の答えを何とかして受け止められないか, ということを考えることができるようになると思います。

　もちろん, 周りの子どもの学習を阻害してはいけませんので, H児が「答えを言いたい」という気持ちであっても,「いつも指す」というわけにはいかないでしょう。答えを口に出してしまっても, 周りの子どもの学習を阻害することになりますので,「黙って答えを教師に報告する方法を考える」ということが有効な対応方法だと考えます。

　具体的には,「自分の考えを『答えカード』に書いてあとで先生に見せる」などという対応をするとうまくいくことがあります。教師が机間巡視をするときに, こうした『答えカード』にコメントをさっと書いてあげれば, H児もある程度満足をして, 次の学習活動に移っていけると思われます。大切なことは, 集団の中の一人なのだから, あなたにだけ対応することはできない, という否定的な原則論を子どもに投げかけるのではなく, いかにしたら一人ひとりの気持ちを受け止め, 配慮してあげられるかを考えることです。

3 子どもの学習スタイルを理解する

1. 一人ひとり異なる「学習スタイル」

　音楽を聴きながらやったほうが効率良く学習できる人もいれば，その逆に静かな環境でないと集中できない人もいます。全体の構成を考えてからでないと文章を書き始めることができない人もいれば，書きながら推敲を何度も重ねて文章を完成させる人もいます。これらはみな「学習スタイル」の違いであり，どちらが正しいというものがあるわけではありません。

　このような「学習スタイル」の違いは発達障害のある子どもにも見られます。発達障害児に特有の「学習スタイル」は，上の例でみたように「どちらのやり方をとっても最終的な成果は同じ」というものではなく，何らかの配慮や支援がなければ学習成果を上げることができないものも多くあります。

　たとえば，「蛍光灯の光がまぶしくて学習に集中できない」とか，「授業の見通しがもてないと不安になって教室をウロウロする」などのように，学習の効率を相当下げる結果になってしまうものもあります。そのため，発達障害児に対しては効果的に学習できるように彼らの「特性」＝「学習スタイル」を細かく把握することが必要です。

　次ページに，個々に異なる「学習スタイル」を把握するための観点をまとめてみました。大きく分けて，「認知的側面」「環境的側面」「情緒的側面」の3つから子どもの特性を把握できるようになっています。もちろん，これらの3つの側面には重なるところもあり（例：「黒板に黄色で書くと見えない」などは認知的側面でもあり，環境的側面でもあるなど），完全に分類できるものではありません。あくまでも，「子どもの学習困難の背景をさぐる」ための観点表として活用してください。

　発達障害児の「学習スタイル」を把握していくと，次ページに挙げた観点のいくつかに配慮や支援をしなければならない子どももいるかもしれません。たとえば，アスペルガー症候群の子どもの中には，音に過敏性があり，かつ，見通しがもてないと不安が増大するというように2つの側面に配慮が必要な子どもがいるでしょう。こうした場合には当然，2つの側面に対して配慮や支援を提供することが求められます。こうした支援や配慮は，授業者が変わってもできる限り一貫して提供していくことが大切であり，校内で共通理解をしていかなければならないものです。

〈個々の子どもの学習スタイルを理解する〉

認知的側面
- 色や形の構成はわかりやすいか？（微妙な色や形の区別など）
- 音の調節は適切か？（選択的注意が苦手／音への過敏性など）
- 適切な学習空間が確保できているか？（空間を生み出すことが苦手／整理整頓ができないなど）
- 光の調節は適切であるか？（明るさ／蛍光灯の光など）

環境的側面
- 掲示物などに注意が向いてしまっていないか？（学習に集中できる空間になっているか？）
- 座席の位置や椅子・机は適切か？（見やすい向き／高さや大きさなど）
- 課題の難易度は適切か？（集中できる時間で達成できる課題かなど）
- 教師の声の大きさ・高さ・語気は適切であるか？

情緒的側面
- 授業の流れ（見通し）が理解できるように工夫されているか？（予定の予告など）
- 自分の気持ちを表現しやすいように配慮がなされているか？
- 教師や友達が自分を受け入れていると感じているか？（疎外感はないかなど）
- 学習の成果を自分で感じることができるように配慮されているか？

出典：Reid, G.（2005）*Learning Styles and Inclusion*, Paul Chapman Publishing. を参考にして，新井が作成した。

2. さまざまなタイプの「学習支援」を試みる

認知的側面への対応

① 物理的に排除する

　光や音などが「不快」に聞こえてしまうような「感覚過敏性」のある子どもへの対応は，物理的に排除する方法をまず考案することが必要です（「感覚過敏性」については71～72ページを参照）。音が嫌な子どもは耳をふさぎ，光が気になる子どもは目を閉じてしまい，どちらも学習に支障が出ます。光についてはサングラスをかける，音については教室外から入る音を遮音する（遮音効果のあ

Chapter 3　特別支援教育と「学級づくり」・「学習支援」

るカーテンを閉めるなど）というように，子どもが授業に集中できるような環境整備を考える必要があります。

　また，空間をうまく使えずに常に机の上に物が散らかっている子どもへの対応でも，「散らかっているもの」をしまう支援として，お道具箱の工夫などを行うと有効な場合があります。子どもに対して「ちゃんと片付けなさい」というだけでなく，物理的に整理できるように支援しましょう（60-61ページ参照）。

② 色の組み合わせに注意する
　一方，色や形の構成に配慮が必要な子どもに対しては，「見やすさ」を常に意識していなければなりません。たとえば，黒板の色が濃い緑色である場合には，白のチョークは見やすいですが，青などの同系色のチョークは見えにくいものです。画数の多い漢字を小さな文字で書いたら細かいところが重なって見えるなどということもあり，「どこに何をどのように書くか」を意識して授業を進めていくことが大切です。

環境的側面への対応
① 「教室空間」を改変する
　環境的側面も認知的側面同様に，物理的に見えないようにするなどの配慮をすることが有効な場合があります。たとえば，外が見える窓があると，外の人の動きに見入ってしまう子どもがいますが，この場合には，目線のところまでレースのカーテンをはり，目隠しをするなどが考えられます。
　環境的側面への対応は，こうした対応をより意図的に行うことが求められます。板書に注目してもらいたいと思えば，黒板のとなりの壁面には子どもが興味をもつような物を掲示しないとか，逆に「⇒」を作って「ここに注目する」ということを見た目でわかるように工夫するなどが考えられます。

② 「教師」自身も「環境」の一つとなるときがある
　環境的側面には，教師の動きや言葉遣いも関係します。自閉症の子どもの中には，表情やイントネーションを理解することが苦手な子どもがいます。こうした子どもには，「いいですね〜」などの皮肉を込めた言葉は通じないことになります。逆に，大きな声を出す先生を極端に怖がる子どももいます。
　こうした意味において，教師がどのような言葉を用いて，どのような声の大きさで子どもたちに語りかけるか，ということも授業の理解度を左右する重要な要件になります。

情緒的側面への対応

① 「安心」を生む環境を整備する

認知的側面と環境的側面に十分な配慮がなされていなければ,「わからない」＝「ストレス」が高まり,情緒的側面に影響を与えます。発達障害の子どもが情緒を混乱させやすい状況でもっとも多いのが,「先の見通しが立たない」授業や行事です。予定を紙に書いてあらかじめ渡すことや,予定が変更になったときには個別に耳打ちするなどの配慮・支援が必要です。

また,学習をしている中で自分でやったことや考えたことが,「これでよかったんだ」と思えるような自己評価ができるような支援も大切です。見本を見せて同じように作るなど,「正解」を自分で感じることができるように授業を進めていくことが,安心を生み,「情緒」の安定につながります。

② コミュニケーション能力の育成と集団づくり

情緒の安定にとって重要なことの一つに,コミュニケーション能力があります。特に,自分のやりたいことややりたくないことを言葉にして表現することができない子どもはストレスがたまり,情緒が不安定になります。あわせて,教師や友達から「自分は受け入れられている」と感じられる雰囲気をクラスに作ることも大切です。集団の一員として,自分の居場所を感じることができるような仲間づくりを心がけましょう。このためには,発達障害児に対して,集団の中に入っていくことができるようなソーシャル・スキルを高める支援をするとともに,異質な他者を受け入れることができるようクラス全員の寛容度を高めていく集団づくりも大切です。

4 「学校文化」と自閉症児

	気になる状況	どのように対応しますか？
休み時間	友達と遊ばずに，一人で好きな鉄道の本を読んでいる。	
	休み時間になるたびに，担任教師に昨日のテレビの話をしにいく。	
	友達に「遊ぼう」と誘われても，「僕はいい」と言っていつも断る。	
授業中	プリントが他の子どもより早く終わったから，別の教科書を読んでいた。	
	勝ち負けにこだわっていて，負けそうになると「僕はやめる」と言って学習に参加しなくなる。	

1.「逸脱」か？それとも「個性」か？

　日本の学校はもともと同じ文化圏の子どもが集まって構成されているので，諸外国と比べると学校が画一的であるのが特徴です。自閉症児は，「周囲の空気を読む」ことが比較的苦手であるので，こうした「画一性」から逸脱することが多くなります。しかし，こうした「逸脱」を「わがまま」として見ることが果たして妥当なのでしょうか？

　そもそも社会の縮図である「学校」には多様な子どもがいて当然です。「他の子どもがみんなそうだから」という理由で，自閉症児にもその価値観を押しつける必要はありません。もちろん，他者に迷惑がかかる行為は毅然とした態度で制止しなければなりませんが，「趣味の範囲」や「自由時間」には好きなように過ごすことを保障するもこと必要でしょう。上に示した「気になる状況」は，自閉症児がときどき見せる行動で，担任教師が「こんなときどうしたら良いのか？」と悩むことが多いものです。「これが正解」というものがあるわけではありませんが，同僚の先生たちと話し合う材料にしてみてください（筆者なりの考えを97ページに示しました）。

2. 一定の「枠組み」の中での「自由」の保障

　自閉症児への対応に限ったことではありませんが，子どもの自由と学校・教師からの指導（規制）はどちらかに偏ってはいけません。つまり，何の規制も枠組みもなく，「すべて自由」としてしまうと子どもはむしろ混乱しますし，逆に「すべてこのようにしなさい」と子どもの行動をがんじがらめにしてしまうと，子どもはストレスがたまります。

　つまり，教師は「状況」に応じた対応をしなければならないのです。そのためには少し広めの枠組みをあらかじめ決めておき，細かいところはその時々の判断とするのが良いと考えます。たとえば，「友達に迷惑をかけることは許されない」とか，「友達の輪の中に積極的に入れるように，半年くらいは子どもに促してみよう」など，指導方針にあたるものを教師がもっていることは大切です。その上で，「今日はあまり気分が乗り気でなさそうだから，あまり強く促すのはやめようか」「この活動なら，友達とも一緒に遊べるのではないか」など，その場で教師自身がどのように子どもに働きかけるかを判断することが効果的な支援となるのではないでしょうか。

　また，「指導方針」について，学校で対応方法をある程度一貫させておいたほうが良いと思われますが，個々の教師のその場その場での判断まで一貫させる必要性はありません。学校で統一するのは「広めの枠組み」であり，細部に関しては教師の「判断」にゆだねることが現実的だと考えます。

	気になる状況	どのように対応しますか？
休み時間	友達と遊ばずに，一人で好きな鉄道の本を読んでいる。	例）休み時間であればいつも同じことをしていても良いと考え，自由にさせる。
	休み時間になるたびに，担任教師に昨日のテレビの話をしにいく。	例）時々は聞いて，時々は「また後でね」と言って断るように子どもに働きかける。
	友達に遊ぼうと誘われても，「僕はいい」といっていつも断る。	例）「お付き合い」でもいいから，友達と遊んでみたら？と子どもに働きかけてみる。
授業中	プリントが他の子どもより早く終わったから，別の教科書を読んでいた。	例）行動を叱るよりも，別のプリントを用意して，別の教科書を読む時間を作らないようにする。
	勝ち負けにこだわっていて，負けそうになると「僕はやめる」と言って学習に参加しなくなる。	例）「みんなで始めたことは，最後までやろう」と誘い，気持ちのコントロールの方法を具体的に教える。

File 9

「わかりたい」を支援する

小学生　学習の遅れ（算数）　学習支援

　I児は小学校2年生の男子。学校も大好きで，友達とも毎日，活発に遊んでいる。荷物の整理が苦手であったり，忘れ物が少し目立つなど，生活面で気になるところはあるが，保護者の熱心な関わりのおかげで，大きな問題にならずに済んでいた。
　学級担任はクラスが20人くらいの少人数であることもあって，授業中でも一人ひとりに気を配って授業を行おうとしていた。その中で，I児の学習の遅れがとても気になっていた。I児は1年生の算数で学ぶ「20までの数」が十分に理解できていないので，2年生になっても繰り上がりの計算が習得できていない。2年生の学習内容であるかけ算九九は「九九表」の暗記は少しずつ進んでいるが，それを活用して文章題を解いたりすることは難しい状況であった。
　もちろん，こうした子どもは決して珍しいわけではなく，また，算数がこうした状況であったとしても，I児が今のクラスで学習に全くついていけないというわけではない。しかし，人数が少ないクラスでもあるので，I児にわかりやすい指導の方法があるのであれば試してみたいというのが担任教師の気持ちであった。そこで，特に，算数の指導方法，教材の工夫，または補助プリントの準備など，I児への配慮がどのようにできるかを特別支援教育コーディネーターとともに検討したいと考えた。

相談場面

- 学級担任から特別支援教育コーディネーターへ。
- I児の「つまずき」を知ることを通して，クラスにいる「すべての子ども」の理解を促進していけるように，「わかりやすい授業」にするためのポイントを知りたいと思い相談した。

File 9 「わかりたい」を支援する

1　学習の「つまずき」を支援する

- 子どもの障害特性ばかりに目を奪われるのではなく，学習単元の特徴（どこでつまずきやすいか）についても知ることが大切です。
- 研究授業などを通して学校全体で研修会を開くことが効果的です。

「20までの数」を数えるときに、子どもがよく間違うところは？

計数の原理	授業中によく見せる子どもの「つまづき」	「つまづき」に対する指導上の工夫
1対1対応ができていない		
かたまりの意識が不十分		
位取りの理解が不十分		

ケース検討のポイント！

- 「算数の原理の理解」：その単元をクリアするために必要となる能力や操作を分析する（例：「1対1対応ができているか？」など）。
- 「つまずきの分析」：授業中に子どもが見せる「つまずき」（間違い）は学習支援をする上で大切な情報となる。
- 「指導上の工夫」：教材・教具の工夫（補助プリントなども含む），机間巡視（ヒントカードなども含む）の方法等を考える。

2　ケースを見つめる教師の「眼」

1．すべての子どもに「わかりやすい授業」を提供する

　特別支援教育というと，友達関係が築けないとか，落ち着きがなく授業に集中できないなど，「行動上の困難」に対する対応をどのようにするかに焦点が当てられることが多いのが現実です。そのため，特別支援教育の研修では，「ケース検討会」が主となっている学校が多いと思われます（本書はこのケース検討会をさらに充実していくことができるようにすることを意図して編集されています）。

　しかし，発達障害児の多くは「行動上の困難」のみならず，「学習上の困難」ももっています。「授業がわからない」という状況は学校でのストレスを増大させることにつながりますので，こうしたストレスが落ち着きのなさを助長しているケースもあるかもしれません。すべての子どもに「わかりやすい授業」を提供することが，子どもたちの学校生活を楽しくすることにつながり，子どもの成長・発達を促進する基盤となることを意識して，授業の改善に取り組んでいきましょう。

「20までの数」を数えるときに、子どもがよく間違うところは？

計数の原理	授業中によく見せる子どもの「つまづき」	「つまづき」に対する指導上の工夫
1対1対応ができていない	・同じものを2度数えてしまう。 ・数えたものと数えてないものがわからなくなってしまう。	・具体物を動かしながら数える。 ・数えた物に斜線を引きながら数える。　等
かたまりの意識が不十分	・10のまとまりをつくれない。 （8＋7を考えるときに，8にいくつを足したら10になるかという理解ができていない）	・10までの数の学習で行った合成分解の学習に戻る。　等
位取りの理解が不十分	・「じゅうご」を数字で表すときに「10」と「5」であるから「105」と書いてしまう。	・ます目を作って表記させる。（一つのます目に入る数字は一つであると教える）　等

2. 多角的なアプローチを模索する

(1) わかるところまで戻って教える

　I児のケースでは，教師がもっとも理解しやすい対応の方法は「わかるところまで戻って教える」ことだと思います。特に算数という教科は「20までの数」が理解できなければ，「繰り上がり」の習得も難しくなり，さらには「かけ算」の意味も理解するのが難しくなるというように，あるところでつまずくとその後の学習に大きな影響を与えます。

　しかし，わかるところまで戻って教えるという方法は，通常の授業の時間内ではなかなか難しい対応です。休み時間などに補習をするか，通級指導教室などで教科の補充的指導をする，というように他の子どもたちと分離して対応することが必要な場合も出てきます。

(2) 同一教材で学習到達点を変える

　学習集団から分離することなく，I児の学習を支援するとしたら，同一教材を行いながらI児の学習課題を他の子どもと少し変えて対応するということが考えられます。たとえば，「8 + 7」のような「繰り上がり」の足し算を学習しているときに，I児の課題は「8」にいくつ足すと「10」になるか，というように一つか二つ前の学習課題に戻って学習をするということが考えられます。机間巡視をしているときに，担任教師はI児と関わり補充的な指導をするというアプローチです。

　この方法は，一つの教材の中で個々の子どもへのアプローチの方法を変えることになりますので，教師の力量が問われます。加えて，演習の時間を授業中，どのくらいとるかなど授業展開を考えていかなければなりません。

(3) 習熟度別指導やT・Tの活用

　学習支援の多様なアプローチを考えるとしたら，分離して個別的指導を提供するか，同一クラス内で一人の教師が多様な課題に対応するかといった二分法的な捉え方から脱却する必要があります。その脱却の一例として挙げられるのが，習熟度別指導の実施やT・T指導の併用です。すなわち，1時間の授業の中で中盤の15分はプリント課題を3種類くらい用意し，子どもたちにどのプリントを行うかを選択させたり，算数などの差がでやすい教科を一時期，複数教師で対応し，学習の遅れを授業の中で補っていくというような方法です。こうした多様なアプローチを一つの授業の中で提供するということは特別支援教育の対象児にとって有効なものであり，I児のような学習上の困難を抱える子どもの学習支援の一つとして位置づけられるのではないかと考えます。

3　教材・教具開発のポイント

1.「つまずき」を意識した学習指導のポイント

　Ｉ児のような学習上の困難を抱える子どもを特別支援教育の対象児と考えることに少し違和感のある先生もいらっしゃるかもしれません。それは，Ｉ児のようなケースを特別支援教育の対象児としたら，対象となる子どもの割合がかなり広がってしまい，「特別な支援」とはいえなくなるのではないか，という気持ちからだと思います。実際のところ，発達障害がなくてもＩ児のようにつまずいている子どもはいますので，厳密に言えばＩ児の「学習のつまずき」への対応は「特別な支援」ではなく，「通常の支援」なのかもしれません。

　特別支援教育を広く捉えて，Ｉ児のような「学習のつまずき」をどのように支援していけばよいでしょうか。この問いに答えるためには，その教科がもつ特性を理解していなければなりません。

　Ｉ児の「学習のつまずき」を例にとると，「20までの数」を理解し，次のステップに移っていけるようにするにはどうしたらよいかを考える必要があります。このためには，子どもの障害や認知的特性を理解することだけでなく，「20までの数」の理解に潜む落とし穴に着目する必要があります。

　「数」には，「１」から「10」まで規則正しく並んでいる数列（序数）と，「全部でいくつ？」を答えるときに用いる総数（基数）の２種類があります。「20までの数」の単元でつまずく子どもは，順序よく数を言うこと（数唱）はできるが，「15」を「10と5」にわけるなど，「数のかたまり」を意識することが苦手な子どもであると思われます。

　こうした単元ごとの「学習のつまずき」を意識すると，支援の方法が見えてきます。つまり，「20までの数」が理解できない背景に，「10のかたまり」の意識が希薄であるのなら，「15」個のものを数えるときに，「１」から「15」まで指をさしながら数えるのではなく，「10」の袋をつくってひとまとまりにして，残りはいくつであるかを聞くというような指導方法が考えられます。もちろん，「５」のかたまりをつくって，それを２つ合わせて「10」という確認をしてもかまいません。それまで，「１つ」ずつ数字が増えていくイメージでしか数えたことのなかった子どもに対して，「数のかたまり」を目に見えるようにすることが指導方法の工夫の一つであると考えられます。

2. 具体的な操作を可能にする教材・教具の工夫

　「10のかたまり」を目に見えるようにするために，教師は授業で用いる教材・教具についても吟味しなければなりません。たとえば，次頁の図のように，

File 9 「わかりたい」を支援する

同じ「20までの数」を数える課題であっても，数える物が卵の模型（あるいは絵）であるのか，ひまわりの模型（あるいは絵）であるのかによって，難易度がかなり異なってきます。

I児のように，「20までの数」でつまずいている子どもには，シンプルでわかりやすい卵の教具を用いるべきでしょう。逆に，「20までの数」が数えられるようになった子どもには，次の課題に行く前に，少し複雑に見える物でも数えられるかどうかを確かめるために，ひまわりを数えさせてみても良いと思われます。

このように同じ課題でも，用いる教材・教具によって子どもが感じる難易度は大きく異なります。同じ教材・教具であっても，プリントを複数用意して，わかりやすいプリントを解かせたあとに，子どもに少し難易度の高いチャレンジ課題を与えてみたりして，多様なアプローチを用意することが大切です。プリントを多様に用意するだけでなく，はじめに具体物で数えさせ，その後，プリントで学習させるなど，子どもの学習活動や授業展開を多様にしていくことも大切です。

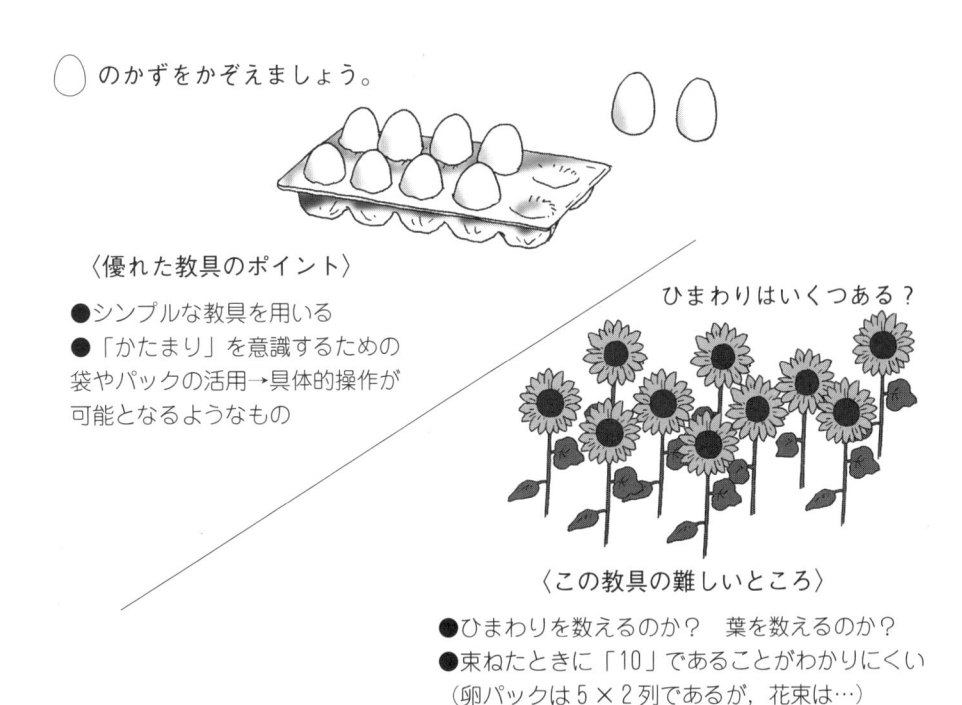

◯ のかずをかぞえましょう。

〈優れた教具のポイント〉
● シンプルな教具を用いる
●「かたまり」を意識するための袋やパックの活用→具体的操作が可能となるようなもの

ひまわりはいくつある？

〈この教具の難しいところ〉
● ひまわりを数えるのか？　葉を数えるのか？
● 束ねたときに「10」であることがわかりにくい
　（卵パックは5×2列であるが，花束は…）

4 効果的な学習支援の方法

1. 複数の教師で指導することの意味

　一つの授業の中で複数の課題を用意して，個々の子どもの指導課題にアプローチするためには，30人のクラスを1人の教師で指導するには限界があるかもしれません。特に算数のような学習の系統性を大切にしなければならない授業においては，複数の教師が役割分担をしながら，一人ひとりの子どもの課題に対応できるようにすることが必要です。

　イギリスではこうした理由から，ティーチング・アシスタントという補助教員がクラスの中に配置されています。特に，特別な教育的ニーズのある子どもが複数在籍するクラスでは，ティーチング・アシスタントを配置して，クラスの担任教師とともに学習支援をしています。

　イギリスのティーチング・アシスタントは特別な教育的ニーズのある子どもを支援しながらも，クラス全体の支援（学級経営）にも強く関与しています。ティーチング・アシスタントは，授業の中でどの子にどのように関わるかを学級担任と話し合い指導にあたっています。つまり，30人のクラスを2人の大人で指導しているという，いわば「T・T」方式を採用して指導しているのです。

　イギリスなどの欧米の学校には，移民の子女なども多く在籍していて，子どもによって学習進度が大きく異なるため，個別にワークブックを進める時間を多く取ります。こうした個別ワークの時間に，クラスの担任教師とティーチング・アシスタントは日本で言う机間巡視を行うのです。

　日本では，「クラスのすべての子どもに個々にアプローチをしようとしたら，30人では人数が多すぎる」という意見も出されています。しかし，学級の人数を減らしてクラスの数を増やすことが，果たして効果的な指導となるのかどうかについては，検討の余地があります。クラスの人数を減らすのではなく，一つのクラスに複数の教師を配置して，子どもたちの学びあいを保障しながら，個々の課題にアプローチをしていくほうが効果的な指導ができることもあります。この点に関しては，今後の通常の学級における授業研究の大きな課題のひとつであり，実践研究を積み重ねながら検討していかなければならない点です。

2. 子どもどうしの「学びあい」

　効果的な学習支援を提供する方法は，複数の教師を配置することばかりではありません。学習進度に差があるようなクラスでは，机間巡視をしているときに基礎的な学習が必要な子どもに教師は多く関わりたいものです。このとき，

授業の内容をある程度理解した子どもに対しては，発展的な学習として問題を作成し，友達どうしで解答しあうなどといった「子どもどうしの学びあい」の時間を取るのも良いかもしれません。

　友達どうしの雰囲気がとても良いクラスでは，「友達どうし」で教え合うということがあっても良いでしょう。ある子がある子に「教える」という状況を明確に設定しなくても，「グループで話し合ってごらん」という状況を設定すれば，子どもどうしの「学びあい」の機会は生まれます。

　子どもどうしの「学びあい」の機会を推奨する理由は，基礎的な学習を強化していくことが必要な子どもには，先生から教わり，友達からも教わる，というように学習機会が増えるメリットがあります。発展的な学習へと進んでいける子どもには，「理解したことを相手に説明する」機会を得る中で，さらに認識を深めていくことができることが「学びあい」の効果として考えられます。

　しかし，子どもどうしの「学びあい」には落とし穴があります。単に「グループで話し合う機会を設ける」というだけでは，「学びあい」の効果は半減します。子どもたちは自動的に「学びあう」というのではなく，やはりここにも教師が見えないところで効果的な設定をしたり，ヒントを与えることが必要です。

　たとえば，発展的な学習をさせる子どもが自分で問題を作るときにも，教師がある程度の枠組みを作っておくことが大切です（右図参照）。そうしなければ，子どもはどんな場面を問題にするか，想像をめぐらせて時間ばかりがすぎてしまいます。グループ討議をするときも，どんな観点で話し合うのかを明確にしないまま，ただ話し合いをさせるだけでは，的が外れた話し合いに終始してしまうことでしょう。

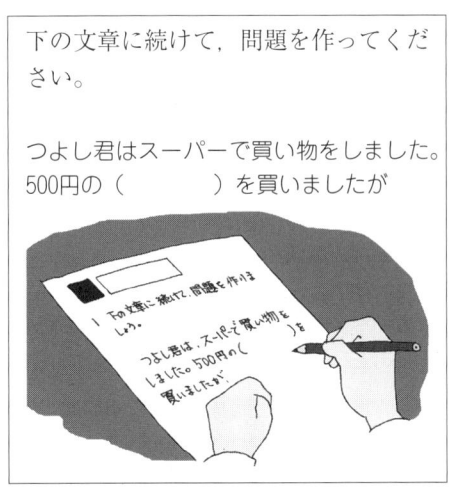

　つまり，「子どもどうしが学びあう」とは，子どもが教師から離れて学習する時間を作ることですが，間接的に教師は「子どもを導いている」ことになります。これからの教師の専門性とは，こうした「見えない指導性」をどのくらい発揮できるかにかかっていると考えます。

Chapter 3 特別支援教育と「学級づくり」・「学習支援」

5　授業展開を構想してみよう

日常的に書いている指導案に，支援の必要な子どもに対するアプローチを加えてみましょう。

学習のねらい	学習活動	指導上の留意点	
			要配慮児への支援
15分			
30分			

↑　　　　　　　　　　　　　　　　　↑

●「ねらい」は複数用意しても良い ●「一斉指導」「T・T」「グループ学習」「個別課題」など，多様な学習活動を組み合わせる。	●「つまずき」を意識して，指導の工夫や教具の工夫を多く書く。 ●落ち着きのない○○君など，特定の子どもへの支援が必要な場合も，留意点に盛り込む。

106

1.「授業展開」という視点で考える

　日本の小・中学校で使用している教科書は，子どもが学習の中でつまずきやすい点を考慮してさまざまなところに工夫と配慮がなされています。たとえば，I児のような学習のつまずきについても，「10のかたまり」を目に見えるように意識化させて指導することが有効であることは教科書の中に示されています。こうした点を十分，考慮して授業を展開することができるかどうかが教師に問われています。

　また，指導案を作成するときには「教材観」や「学習のねらい」を吟味するとともに，「授業展開」を見つめなおすことが大切です。たとえば，この単元では「10のかたまり」を意識化させることがポイントだ，と考えたとき，「一斉指導で解説」⇒「グループで解答を導かせる」⇒「子ども自身に操作活動をさせる」⇒「プリント学習」というような展開で理解度を高めていくなどです。

　もちろん，中には「グループ学習は見ているだけ」になってしまう子どももいるかもしれません。しかし，こうした子どもに対しては，机間巡視をするときに子どもの学習をフォローするように教師が意識すれば良いと考えます。

2.「指導上の留意点」を充実させる

　特別支援教育の視点を加えて通常の学級の授業づくりを考えるなら，「指導上の留意点」を充実させることが重要です。前ページの指導案のように，授業展開はいわゆる「略案」程度にして，授業展開と同じくらいのスペースを「留意点」にあてるように指導案を書いてみましょう。

　はじめのうちは，「そんなに留意点で書くことはあるの？」という気持ちになるかもしれませんが，クラスの中で気になる「○○君と△△さんへの配慮」などというように書き込んでいくとたちまちスペースはなくなってしまいます。また，気になる子への配慮のみならず，「学習のつまずき」を意識した指導方法の工夫や教具の工夫なども「指導上の留意点」の中に書き込んでいきましょう。そうすることで，教師は支援が必要な子どもに対して，より精度の高い学習指導を提供することができるでしょう。

　このように考えると，教科学習の授業を改善していくためには，発達障害児の特性を理解し，その特性に応じた指導上の留意点を検討することとともに，その教科，その単元における子どものつまずきを意識した指導が展開できるかどうかにかかっていると言えます。つまり，特別支援教育の専門性と教科指導の専門性が融合したところに，「すべての子どもにわかりやすい授業」が成立するのだと考えます。

Chapter 3 特別支援教育と「学級づくり」・「学習支援」

> **コラム②**
>
> ### 保護者からの質問が多岐にわたっていて，すべて適切な回答をすることができません…
>
> 　学校で教育相談を担当している教師（特別支援教育コーディネーターや養護教諭，生徒指導主任など）は，大学院等で教育相談の専門研修を受けている人ばかりではありません。そのため，保護者から問われる質問にすべて適切に答えることができなくても，仕方のないことかもしれません。
>
> 　しかし，やっとの思いで子どもの問題と向き合ってみようと重い腰を上げ，相談に来た保護者の質問に対して，「私もわからない」と返して相談を終了してしまうのは避けたいものです。
>
> 　学校の教師が教育相談を行う強みは，1回きりの相談で終える必要がないということです。わからない内容を質問されたときには，「今はうまく答えられないので，この質問の答えは私の宿題にさせてくれませんか？」と相手に誠意をもって話し，次の相談機会をうかがうのが良いと考えます。このように応対すれば，保護者は自分の質問に対する満足な回答が得られなかった代わりに，一緒に考えてくれる人がいると感じることができ，一定の満足感，あるいは安心感をもって相談を終了することができます。こうした応対をしていれば，相談は継続するでしょう。
>
> 　ベテラン教師でも，保護者からの純粋な問いかけに不意をつかれることはあります。そんな質問をされたときは，ある意味で教師の姿勢が問われているときだと考えましょう。相談をしに来た人は，不意をつかれたときの教師の姿を見て，意識的に，あるいは無意識的に「この人は信用できる人かどうか」を感じ取っています。だから，すべての質問に答えることができるかどうかが大切なのではなく，そうした質問をされたときにどんなふうに乗り切ろうとするか，その態度や姿勢が大切なのだと考えます。
>
> 　もちろん，同じような質問を別の保護者にされることもありますので，次に同じ質問をされたときには自分なりの考えをまとめて答えられるようになっていなければなりません。こうした向上心をもって教育相談に臨んでいる教師の言うことには，自ずと説得力があり，相手の信頼感を得ることができるのだと考えます。
>
> 　このように考えると，教育相談において大切なことは，「相手に聞かれたことすべてに適切な回答する」ということではなく，相談されている相手に誠意をもって対応することなのではないでしょうか。教育相談において「誠意ある対応」とは，向上心をもって情報収集し，自分を変革しようと努力することです。

Chapter 4
行動と感情をコントロールするアプローチ

Chapter 4のポイント

教育と福祉を接合したアプローチ

1.「二次的障害」に対する支援の原則

　「二次的障害」とは，生まれつきもっている障害が影響して，青年期にかけてさまざまな困難が生じている状態を言います。たとえば，自閉症や学習障害などの子どもは，相手に自分の意志をうまく伝えられない障害が一次的にあり，そのストレスから，思春期に心身症の症状が二次的に出てくることなどがその例です。

　「二次的障害」といった場合には，主として「心身症」や「行為障害」というように医師による診断が可能なものを言いますが，広く「障害から派生した二次的な困難」として捉えると，「不登校」や「非行」なども含まれます。ここでは，不登校なども含めて，生まれつきもっていた「障害」とは異なる「症状」や「困難」が二次的に生じている状況を広く「二次的障害」と呼ぶこととします。これはすべての発達障害児に生じるものではありません。「二次的障害」が生じる理由は，学校や家庭で障害に対する無理解などから「適切な配慮や支援」が受けられず，子どもがそのストレスに耐えかねて二次的な困難を顕在化させていることが多いと考えられます。

　このため，「二次的障害」を併せ持っている発達障害児への対応は，発達障害へのアプローチとともに，「二次的障害」が表面化してしまった原因を除去するための環境調整が必要な場合が多くあります。

　「二次的障害」の状態によっては，「学校」だけで対応することに限界があるケースもあります。たとえば，「引きこもり」の状態になっている発達障害児には，家庭訪問など学校以外の場所でのアプローチが欠かせませんが，こうしたアプローチは「学校」の職員では限界があります。また，「二次的障害」のある子どもの家族は，子どもの困難の大きさを背負い込めず，悩んでいる保護者も多くいますので，保護者の心理的サポートが必要な場合があります。

　特別支援教育コーディネーターや学校カウンセラー，あるいは一部の地域で試験的に導入されている学校ソーシャルワーカーは，「二次的障害」を示す子どもへの対応が職責の一つになります。それぞれのスタッフが自分の得意分野を活かして一人の子どもに総合的にアプローチできるようにすることが，「二次的障害」を示す子どもの状態を改善する近道となります。

2.「子ども」と「保護者」を支援する

　近年，非行や犯罪を犯す子どもと「虐待」との深い関連性が指摘されています。「虐待」が起こる原因を「親の養育能力が低いから」という一言で片付けてしまうのは簡単ですが，親を非難するだけではこの問題は何も解決しません。虐待にまつわる複雑な関連性を物語るデータとして，「被虐待児」の中に「発達障害」の状態を示す子どもが多く混在していることも指摘されています。

　まず考えなければならないのは，発達障害が「虐待のハイリスク要因」となっているということです。広汎性発達障害（自閉症）やADHDの子どもはもともと「育てにくい」ところがあり，親が「つい手を出してしまいがち」な子どもたちであることが虐待のハイリスク要因となる理由の一つです。一方，発達障害の特徴を有している被虐待児が，すべて生来からの障害児であったかどうかについては，慎重にならなければなりません。親のネグレクトによって子どもが育ちきれず，発達障害の様相を呈する子どもになったということも十分に考えられます。「障害」が先か，「虐待」が先かという議論は「にわとり」と「たまご」の関係で，解明するのは難しいことが文献でも指摘されています（杉山，2007を参照）。

　さらに，虐待をしてしまう親は，精神疾患を患っていたり，ADHDに近い症状が見られたりすることも多くあります。これらの事実はすべて，「親にも子どもにも支援が必要である」ということを示しており，関係機関の連携も含めて，総合的な支援を提供することが求められています。学校でも「二次的障害」を示す子どもの家庭を見つめると「虐待」を疑わせる状況に直面することがあります。「虐待」が疑われる家庭の対応は「学校」だけで抱え込むのではなく，児童相談所や福祉機関にも支援を要請し，連携して子どもと保護者の支援にあたることが必要です。

3.「コーディネーター」の役割

　それでは，「二次的障害」を示す子どもに対して，どのようなアプローチをすることが必要となるのでしょうか。端的に言うと，「学校」で対応できることと，外部の「支援機関」から援助を受けることを整理し，アプローチを体系化していくことです。こうした多角的なアプローチをする際には，対応の窓口となる人（「コーディネーター」）が重要な役割を果たします。以下，対応の窓口となる「コーディネーター」の役割をまとめました。

Chapter 4　行動と感情をコントロールするアプローチ

Ⅰ．子どもと保護者の困難の状況を把握する
① 困難を抱える子どもの状態を以下の点から把握する。
　●障害の有無（発達障害・身体的障害〈視覚・聴覚を含む〉・精神的障害）
　●学校の出席の状況（不登校がある場合は，その理由）
　●行動上の問題（窃盗や暴力など反社会的行動の有無）
　●特別な支援の提供の有無（特別支援学級等の在籍のほかに，通院歴や児童相談所の対応など関係機関の利用の有無も把握する）
② 困難を抱える子どもの保護者の状況を把握する
　●家庭の状況（経済的状況・夫婦の関係など）
　●保護者の情緒・感情面（気性が荒い／感情の波がある／神経質など）
　●保護者の養育能力（家事の状況や学校への関心なども含む）

Ⅱ．情報を共有し校内支援の方針を立てる
① 学校職員に子どもの抱えている困難の状況を説明し，問題を共有する。
　●子どもの困難の背景を分析し，まとめたものを学校職員に伝える
　●家族の状況と子どもの困難の関係性について話す
　●これまで子どもが活用してきた支援資源の役割と機能について説明する
　●教育的支援を提供することによって，問題の改善の見通しを話す
② 家族支援のアプローチについて学校職員と共有する。
　●保護者の特徴について説明し，家族の状況を共有する。
　●保護者対応の具体的な方法について提案し，役割分担をする。
　●保護者を学校で迎えるときの一般原則を共有する（気持ちよく来校してもらうための原則を共有する）。

Ⅲ．外部の支援機関との連携の可能性を探る
① 困難を抱える子どもが利用できそうな支援資源をリストアップする。よく利用する支援機関についてはあらかじめ担当者・担当窓口の連絡先や受付時間等をまとめておく（122 ページ参照）。
　例）●児童相談所　　　●市町村の福祉事務所　　　●警察（少年課）
　　　●病院（医療機関）●教育研修センター／教育委員会（相談窓口）
　　　●保健所／保健センター　　●発達障害者支援センター
　　　●特別支援学校（教育相談・地域支援部）●その他（　　　　　　）
② 利用可能な支援機関の役割と機能を整理し，適宜，利用する。
　●支援機関の利用可能性を模索する（外来は半年先まで予約済みという医療機関もあるので要注意）
　●ケースの状況に応じて柔軟に対応してくれるかを知る（担当者によって異なることも含めて，相手の受け入れの状況を知る）

4.「コーディネーター」の専門性と研修課題

以上のような，学校内外に対するアプローチを提供するコーディネーターには，相応の専門性が必要であることは言うまでもありません。学校の職員がこうした役割を担う場合には，以下のような知識と技能を研修等で身に付けておくことが必要です。

知識	技能
●外部の支援機関の役割と機能 ●ソーシャルワークの基礎理論 ●教育と福祉の法令・規則 ●現代社会の状況（貧困の状況等） ●虐待をめぐる状況と対応方法 ●特別な教育的ニーズのある子どもの教育	●相手に説明する技能（プレゼンテーションとコミュニケーション能力） ●事例を分析する能力（問題を把握し，支援方法を立案する力） ●問題に対して前向きに取り組もうとする雰囲気をつくる力（相談相手をやる気にさせる話し方・態度など） ●相談相手が話してよかったと思える聞き方（カウンセリングの技法等）

　特別支援教育コーディネーターは，困難を抱えた子どもや悩みを抱えた教師，保護者と対応することが仕事になります。時には，学校と家庭の間に入り，板ばさみにあうなど，気持ちよく進められない仕事もあるでしょう。そのような中で，対象となる子どもの状態が少しずつよくなるように前向きな気持ちで役割を果たしていかなければなりません。

　こうした意味で，特別支援教育コーディネーターに求められる資質とは，人と人をつないでいく力（主としてコミュニケーション能力）です。そして，何事にも前向きに対処していくことができるバイタリティをもっていることが何よりも大切な資質であると考えます。

File 10

「感情」の制御がうまくできない

小学生　不登校　心身症　自傷行為

　J児は小学校低学年のときから学校で頻繁にかんしゃくを起こしていた。もともと，あまり身体の強い子どもではなく，ぜんそくなどで入院することが多かったせいもあり，親は子どもの要求をすべて聞き入れてしまう育て方をしていた。そのため，小学校では教師からの指示や学習活動への参加の促しに対し，いちいち腹を立て，感情を自分でコントロールすることができず，物を投げるなどの行動が頻繁に出ていた。また，スーパーなどでも欲しいものがあると自制できず，買ってもらえないことがわかるとパニックを起こし，頭を柱に打ちつけるなどしていた。

　小学校5年生ごろから「学校へは行きたくない」というようになり，親は子どもの言う通りにしかできないので，休む日が続いた。親がこのままずっと学校へ行かなくなってしまうのではないかと心配しだしたころ，遠足のような楽しい行事があるときに「学校へ行かない？」と誘ってみた。子どもは遠足の直前に「参加する」と言ったかと思えば，参加を決めてからは体の不調を訴えることが多くなり，遠足の当日は結局体調不良で参加しないなど，気もちのゆれが大きい子だった。不登校が長引き，家にいる時間が長くなると，精神的な不安定さも日増しに顕著になり，「何者かに後頭部を殴られた」「今うとうと寝ていたら顔を覆われて叩かれた」などと混乱した様子を見せるようになった。また，突然起こるパニックは，心の中でものすごいイライラが爆発しているといった感じであり，部屋の壁を強く叩いていくつも穴をあけてしまっている状態であった。そんな状態のとき，J児は「俺は悪くない。俺がこんなに暴れているのはお前らのせいだ」と親に対して攻撃性を示していた。

相談場面

- 保護者が学校に提出物を届けに来たときに，保健室の養護教諭に相談した。
- どのようにしたら学校に通ってくれるのだろうか？と親は心配していた。

File 10 「感情」の制御がうまくできない

1 優先順位をつけて対応する

- 困難が複雑に絡まっているケースについては，困難を整理するところから始めましょう。
- 困難の中でも緊急性の高いものから優先順位をつけて対応することが大切です。

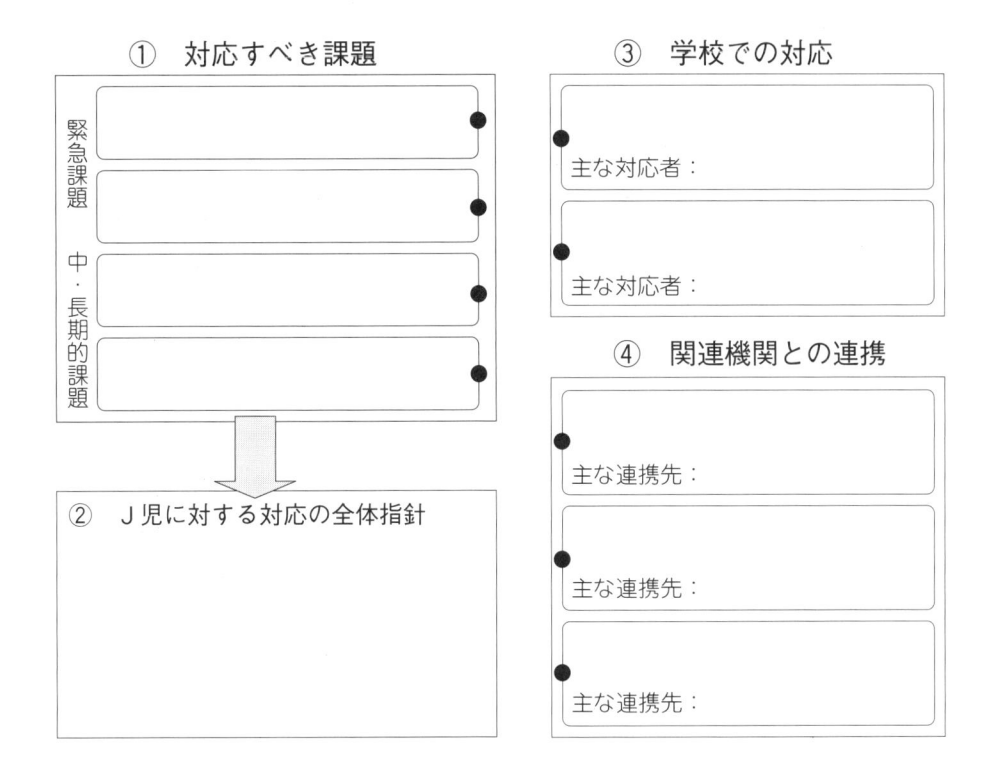

① 対応すべき課題

緊急課題

中・長期的課題

② J児に対する対応の全体指針

③ 学校での対応

　主な対応者：

　主な対応者：

④ 関連機関との連携

　主な連携先：

　主な連携先：

　主な連携先：

ケース検討のポイント！
- 事例を読んで「A．緊急性のある課題」と「B．中・長期的な支援の課題」を整理してみましょう。（①に記入）
- J児とその保護者に対する支援の大まかな方針を立ててみましょう。（②に記入）
- 「③学校での対応」と「④関連機関との連携（支援要請）」とを分けながら，「①対応すべき課題」に対応する支援内容，支援提供者，連携先，優先順位を記入してみましょう。（③④に記入）

Chapter 4 行動と感情をコントロールするアプローチ

2 ケースを見つめる教師の「眼」

1. 問題が複雑に絡みあっているケースの検討

問題が複雑に絡み合っているケースでは，「①対応すべき課題」を列挙して，優先順位をつけることから始めます。優先順位のつけ方は，いうまでもなく「緊急度」の高い問題から対応するべきです。今回のケースの場合は，保護者から学校に寄せられた相談であることを考えると，優先順位は「保護者の緊急度」として考えることが必要です。

保護者の視点からこのケースの困難を見つめると，家庭の中で対応に苦労していると思われる「家庭内での暴力」と「情緒の不安定」への対応からアドバイスをすることがよいでしょう。J児の困難に対して，学校で適切な対応・配慮ができていたのかどうかも検討しなければなりませんが，「緊急度」からすると，家庭での情緒が安定する方策を考えることを優先するべきでしょう。対応方針を立てる時は，「②全体指針」を話し合った上で，具体的な対応を「③学校」と「④関連機関」に分けて検討するなど，保護者への直接的支援と関連機関からの支援の両輪を提示することが大切になります。

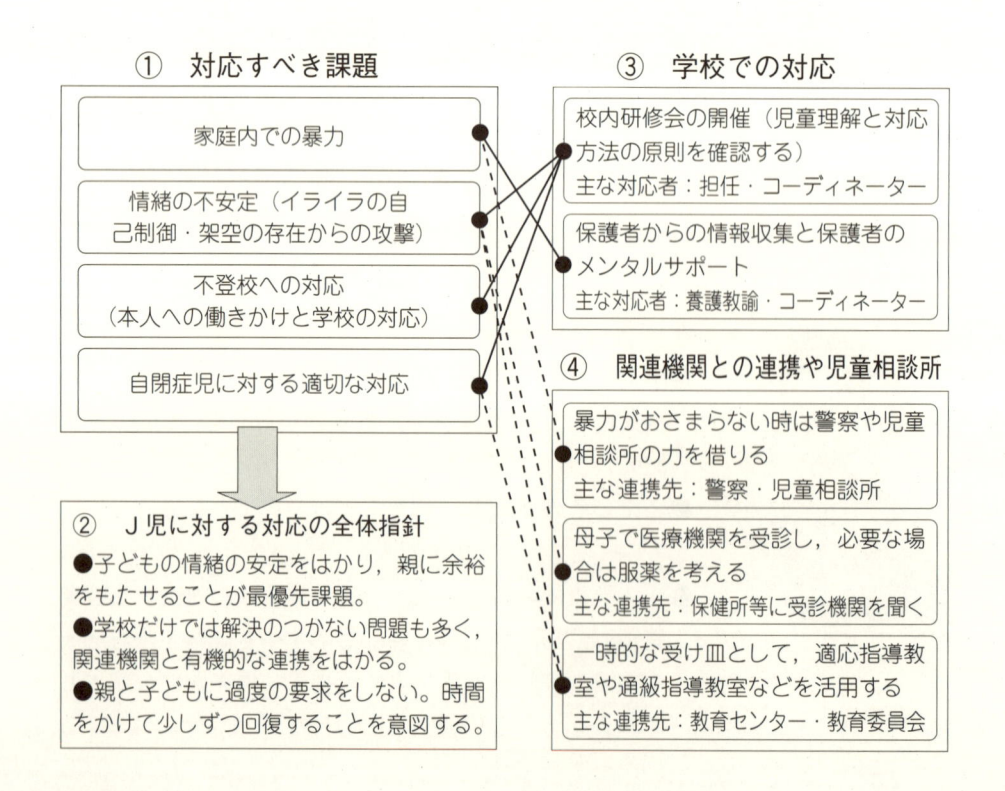

① 対応すべき課題	③ 学校での対応
家庭内での暴力	校内研修会の開催（児童理解と対応方法の原則を確認する） 主な対応者：担任・コーディネーター
情緒の不安定（イライラの自己制御・架空の存在からの攻撃）	保護者からの情報収集と保護者のメンタルサポート 主な対応者：養護教諭・コーディネーター
不登校への対応（本人への働きかけと学校の対応）	④ 関連機関との連携や児童相談所
自閉症児に対する適切な対応	暴力がおさまらない時は警察や児童相談所の力を借りる 主な連携先：警察・児童相談所
② J児に対する対応の全体指針 ●子どもの情緒の安定をはかり，親に余裕をもたせることが最優先課題。 ●学校だけでは解決のつかない問題も多く，関連機関と有機的な連携をはかる。 ●親と子どもに過度の要求をしない。時間をかけて少しずつ回復することを意図する。	母子で医療機関を受診し，必要な場合は服薬を考える 主な連携先：保健所等に受診機関を聞く
	一時的な受け皿として，適応指導教室や通級指導教室などを活用する 主な連携先：教育センター・教育委員会

2. J児に対して，現在できる支援は何か？

　学校の究極的な使命は「子どもの成長・発達に寄与するための指導・支援を提供すること」です。しかし，子ども成長・発達を支える基盤を整備することも重要な「支援」です。特に，J児の場合は不登校状態である上に，家庭内暴力に近い状態であることが想像できるので，保護者の心理的な負担は相当のものであると考えられます。また，登校してこない子どもには，学校は直接的な支援をしにくいものです。

　こうした場合には子どもと学校をつなぐキーパーソンでもある「保護者」を支援する方針を明確に打ち出すことが重要です。具体的には，学校が保護者の心理的負担感に対して共感し，話を聞く体制をつくるとともに，適切な専門機関を紹介し，保護者や子どもの心理的なストレスを軽減できるようなネットワークをつくっていくことが求められます。

3. 問題がこじれないようにする予防策は？

　J児の場合は，校内研修会等を開き，J児の特性の理解を教職員で図ることがひとつの「予防的対応」であったと考えられます。特に今回のケースでは何らかの「診断」が下せるほどの状態であったので，早期から医療と連携がとれていると良かったと考えます。

　ただし，上のような考え方はある意味で「結果論」にすぎません。子どもの困難を複雑にした要因に本人の生まれつきもっている障害，あるいは病気がありそうですが，このほかにも困難を増大させるような諸要因（リスク）は存在しています。たとえば，親がJ児の要求を丸呑みにしているような様子がケース・ファイルからはうかがえました。こうした態度は時に子どもの攻撃性を高める要因の一つになります。

　「気になる子ども」がいた場合には，問題が深刻化する前に子どもを取り巻く諸要因（リスク）を分析し，リスクの大きいものから順に対応策を講じていくことが必要でしょう。こうした対応策を「リスク・マネージメント」と呼ぶとしたら，リスク・マネージメントの具体的なものに，①児童生徒理解に関する校内職員の研修会，②担任やコーディネーターによる保護者の心理的サポート，③（ボランティア等の）地域の人材確保とその活用，④専門機関との連携（緊急時の対応など）が挙げられます。特別な支援が必要な子どもがクラスにいる場合には，問題が深刻化する「リスク」はいくつかあることが予想されるので，学級担任はリスク・マネージメントに対する意識を高め，早期に予防策を検討する必要があります。

Chapter 4　行動と感情をコントロールするアプローチ

3　心身症の兆候を見逃さない

　「登校しぶり」が出現するのと同じ時期に，さまざまな心身症の症状が見られることが多くあります。心身症とは，「心理社会的要因」によって「身体症状」が現れている状態を指し，医療面での支援が必要になることがあります。

　心身症の具体的な症状にはさまざまなものがあります。たとえば，登校日の朝になると「お腹が痛い」と訴えかけてくるのも心身症の一つです。このほかに，アトピー性皮膚炎が悪化したり，喘息がひどくなったりするような身体的疾患として現れる場合もあれば，体の一部を無意識のうちに動かしている「チック（不必要にまばたきが多い等）」や「不定愁訴（必要以上に不安やだるさを訴えること）」などが出てくることもあります。早い段階で心身症の兆候を認識し，対応を開始できれば，問題が深刻化せずにすむケースも多くなるでしょう。以下に子どもに関連することが多い心身症の症状をまとめました。環境調整が必要なケースを見抜く指標の一つとして活用してください。

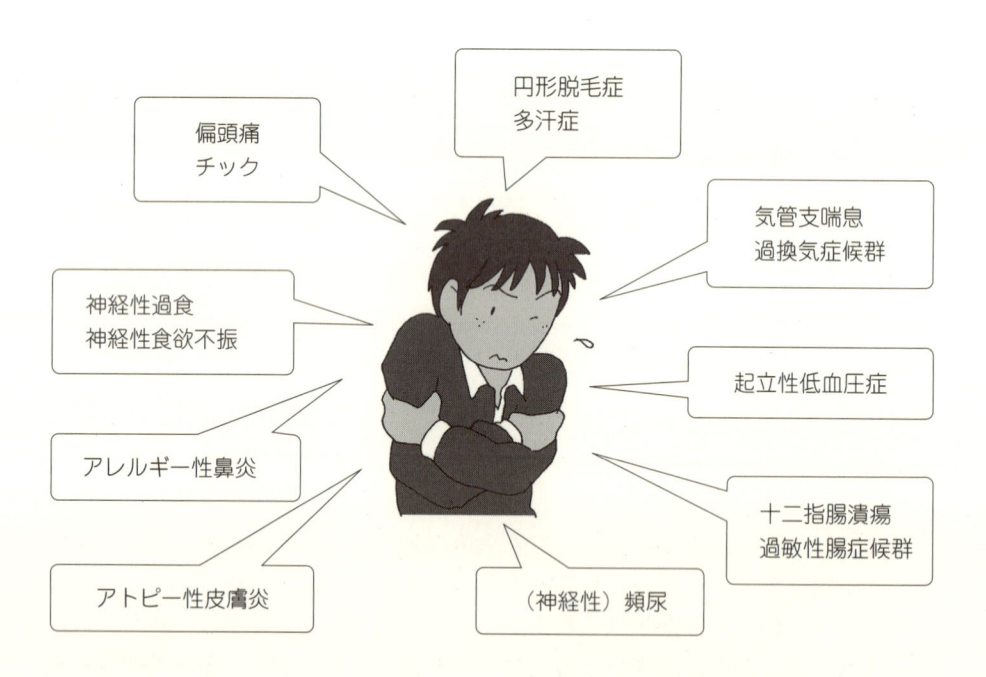

- 円形脱毛症／多汗症
- 偏頭痛／チック
- 気管支喘息／過換気症候群
- 神経性過食／神経性食欲不振
- 起立性低血圧症
- アレルギー性鼻炎
- 十二指腸潰瘍／過敏性腸症候群
- アトピー性皮膚炎
- （神経性）頻尿

　それでは，心身症の兆候が見られる子どもにはどのように対応したらよいのでしょうか？　端的に言うと，「心身症となった『心理社会的要因』を取り除くこと」につきますが，その方策について具体的に見ていきたいと思います。

1. 子どもの成育歴・教育歴を知る

　心身症の兆候を示している「心理社会的要因」には、①「病気・障害」が悪化する中で「社会不適応」を起こすケースと、②学校や家庭などの「環境要因」により「身体症状」が生じたケースの二つに分けられます。①であれば、「病気・障害」へのケアが最優先課題となりますが、②であれば、環境要因の除去が課題となります。もちろん、①と②が複合してしまい、問題が悪化しているケースも散見されます。こうした対応の指針を立てるためには、心身症にいたる過程を知ることが一番の近道です。そのため、保護者や前担任などから情報を集め、子どもの成育歴・教育歴を整理してみましょう。

2. 一環した対応の重要性

　心身症児への対応の原則は、子どもの気持ちを「受容」し、子どもが社会や大人を「信頼」できる状態にすることです。しかし、学校という場所は、集団で活動していることから、子どもの要求を「完全受容」することは物理的に難しいこともあります。そうした中で、求められてくるのは「一貫した対応」です。

　たとえば、「保健室であれば、勉強できる」という子どもに対して、保健室登校を認めたとします。養護教諭の献身的な対応のおかげで子どものもっていた学校のイメージも良くなり、クラスに戻してもよい状態になったとします。そのときに、学級担任が励ましの意味を込めて、「クラスに帰ったら勉強はもっと速く進んでいくからな」といった言葉をかけてしまって、再び不登校になった、などの事例もあります。これは、校内で「保健室登校の意味」について十分に共通理解が図れていなかったことと、「クラスに戻れれば他の子どもとすべて同じ対応をする」といった早急な働きかけをしたことに起因するものです。心身症の状態にある子どもには、どのくらいの課題を課し、クラスにどのように受け入れていくかという点において、一貫した対応が求められます。

3. 専門機関との連携

　最後に、心身症児の中には服薬を含めて医療や心理の専門機関と連携が必要なケースがあります。こうした子どもに対しては、医療や心理の専門機関での指示を守りながら、子どもの状態が回復するまでは負荷をあまりかけずに子どもと関わることが大切となってきます。「学校にこられるのだから指導しなくては」という教師の気持ちも理解できないものではありませんが、教育的指導というのは、指導の基礎となる心身の状態が健康であるときに成果をあげることができるものです。専門機関からのアドバイスを参考にしながら、子どもの状態に合った指導方針を立てるようにしましょう。

Chapter 4　行動と感情をコントロールするアプローチ

4　不登校となる「リスク」

　文部科学省の定義では,「不登校児童生徒」を「何らかの心理的・情緒的・身体的あるいは社会的要因・背景により,登校しないあるいはしたくともできない状況にあるために年間30日以上欠席した者のうち,病気や経済的理由による者を除いたもの」と定義しています。文部科学省の統計調査では,全児童生徒数の1％強（中学校では3％弱）であり,ここ数年でほぼ横ばいの状態です（数値は2006年度のもの）。

　不登校の状態となった直接のきっかけは小学校と中学校で多少,異なっています（下図参照）。大まかに区分すると,中学生は友人関係や学業成績といった「学校に起因するもの」が多くの割合を占めていますが,小学生は家庭環境の変化や親子関係といった「家庭に起因するもの」が多くの割合を占めています。

不登校状態となったきっかけ

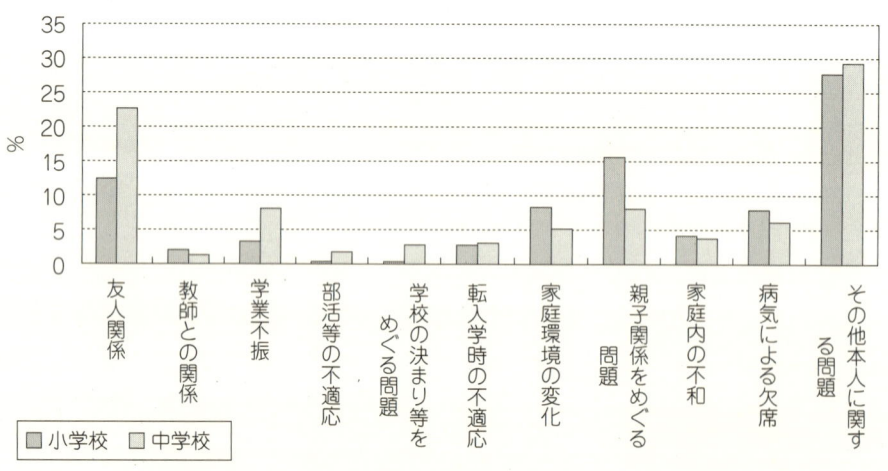

（棒グラフ：小学校と中学校の比較）
- 友人関係：小学校約13％、中学校約23％
- 教師との関係：小学校約2％、中学校約1％
- 学業不振：小学校約3％、中学校約8％
- 部活等の不適応：小学校約0％、中学校約2％
- 学校の決まり等をめぐる問題：小学校約0％、中学校約3％
- 転入学時の不適応：小学校約3％、中学校約3％
- 家庭環境の変化：小学校約8％、中学校約5％
- 親子関係をめぐる問題：小学校約15％、中学校約8％
- 家庭内の不和：小学校約4％、中学校約4％
- 病気による欠席：小学校約8％、中学校約6％
- その他本人に関する問題：小学校約27％、中学校約29％

出典：不登校問題に関する調査研究協力者会議（2003）『今後の不登校への対応の在り方について（報告）』。

　これらの「きっかけ」はそもそも複合しているものであり,「直接的なきっかけ」を知るだけでは,問題の本質的な解決にはつながりません。しかし,これらの「きっかけ」は,すなわち「不登校状態を引き起こす要因（リスク）」であると考えることもできます。つまり,子どもが不登校になる以前から,「友人関係でトラブルが続いていた」「親が子どもの面倒をあまり見ていないようだ」など,「学校」や「家庭」で気になる様子が見られる子どもには,不登校となる可能性があると捉えて,配慮していくことが必要です。

不登校児支援の原則は,「早期に適切な対応をする」ことだと考えられています。教師のほうで「少し休みたいのだから,そっとしておいてあげたほうがよいのでは…」などと勝手な判断をして働きかけを怠ると,子どもは家庭の中で方向感を失い,感情のやり場を失って家庭内暴力へと発展してしまうこともあります。

　具体的には,子どもに対しては「ふれあう機会をふやし,話を聞く」こと,保護者に対しては「家庭での様子を聞きながら,保護者のメンタル・ケアをする」ことが求められます。家庭訪問の頻度や話を聞く時間などは子どもによって異なりますが,大切なことは学校や教師が「あなたのことを気にかけている」というメッセージを伝え続けることです。

　もちろん,不登校を引き起こした要因を考え,取り除く努力も必要です。たとえば,教師の強圧的な態度に拒絶反応を起こして,登校前に腹痛を起こしてしまうような中学生がいた場合には,全校職員で研修会を開き,学校全体の指導観や雰囲気づくりについて考えることが必要です。また,保護者に働きかけて「朝の登校の促し方」などを教えるなど,親を支援することによって登校できるようになる小学生も多くいます。

　時には,特別支援学級などで一時的に教科指導の補充をして,「勉強がわかる・おもしろい」といった気持ちをもたせることも,子どもが登校しようと思う基盤になります。つまり,不登校傾向のある児童生徒に対して,「学校全体で何ができるか？」を考えることが大切であり,教職員の協力体制を築いていくことが重要です。

　一方で,社会資源を有効に活用することも検討する必要があります。不登校が長引きそうであれば,適応指導教室を活用することも選択肢の一つでしょう。また,放課後や土曜・日曜に行われている地域の文化的活動に参加することも学校に通う前のステップになることもあります。教師は学校外で行った子どもの活動を積極的に評価し,また,そこで知り合った友人との楽しい活動を教師が共感的に聞くことで,再登校のチャンスがでてきます。

　以上のような不登校児童生徒への働きかけの原則は,次のようになります。

1．適切な人が,適切なタイミングで,適切な量の社会的刺激を与え続けること
2．保護者のメンタル・ケアを含めて対応し,決して焦らないこと

　不登校児童生徒の特徴はさまざまです。さまざまな不登校児に対してマニュアル通りの画一的な対応をするのではなく,一人ひとりの支援プランを立てて対応していくことが何よりも大切です。

Chapter 4　行動と感情をコントロールするアプローチ

5　地域の支援資源をまとめてみよう

支援資源	担当者	連絡先	備考
児童相談所			
(市)福祉課			
病　　院			
教育研修センター			
発達障害者支援センター			
その他			
その他			

（その他には，警察，大学，民生委員など子どもの困難に応じて必要な支援資源を記入すること）

1.「顔」が見える連携をすること

　学校外の関係機関と「連携」しながら子どもの困難に対応していくという原則は，特別支援教育の分野に限らず，重要です。特に生徒指導の分野では，生徒指導上の問題を抱える子どもに対するアプローチとして関係機関からの支援を受けることは，もはや常識的対応になっています。しかし，実際の現場では必ずしも「連携」がうまくできていないことも多くあります。

　その理由として，お互いの「顔」が見えていない中で「連携」の必要性を唱えているだけに終わっていることが挙げられます。たとえば，保護者に十分な養育能力がなく，担当している子どもが小学校2年生から不登校気味になっていたとします。学校では登校しぶりをする背景に家庭での「ネグレクト」が関係していると見て，児童相談所に連絡をしました。しかし，児童相談所からは「わかりました。経過を観察していきます」と言われただけで何の介入もしてくれなかった，などということがあったとします。

　こうした経験をすると，学校では「児童相談所は動いてくれない」という意識になり，虐待が疑われるケースであってもその後，通告しなくなってしまう，

ということもあると聞いています。

しかし，児童相談所の側にも言い分があります。毎日，虐待への対応に追われ，終わりのない道に迷い込んでいるような状況が児童相談所にはあります。そうした現実の中では，「親が子どもをちゃんと見てくれないから，不登校になっているんです」といったような言い方では，その切実さが伝わらないでしょう。学校側も相手の状況を推測し，どのような言い方をすれば動いてくれるのかを考えて連絡をする必要があります。

こうした意味において，「連携」の第一歩は「相手のことを知る」ということです。特に相手の機関が得意とするサービスを知り，どのように利用できるのかをあらかじめイメージしておくと良いでしょう。

2. 担当者にも「得意・不得意」がある

「相手の機関のことを知る」という中では，担当者の得意・不得意を知ることも重要です。たとえば，「心理士」と呼ばれる肩書きをもっている専門スタッフの中でも，子どもに対する「プレイセラピー」が得意な人もいれば，保護者と面接しながら保護者の気持ちをほぐしていくのが得意な人もいます。発達障害に関しては，関心がとても高く良く知っている心理士もいれば，「まだ勉強中です」という心理士もいます。

このように，たとえ専門機関に勤めている専門家であったとしても，すべての諸問題に精通しているわけではありません。大学の専門家などはむしろある一分野に秀でているだけで，教育問題全般を知っているわけではないという人も多くいます。

そのため，学校では「外部の機関をうまく使いこなす」ということが求められます。ひとつの機関で十分な支援が受けられないからといって落胆するのではなく，いくつかの支援資源を組み合わせて子どもの困難に対処していくことが大切です。支援資源を組み合わせて対応する場合には，どの機関の誰が「連絡調整の窓口」になるのかを決めておくことも大切なことでしょう（例：虐待の事例であれば，生徒指導主任が窓口となり児童相談所に連絡する，など）。

前ページの支援資源をまとめる表の中に「備考欄」を設けましたが，そこには上記のような「得意分野」や「役割分担」などを記入してください。そしてこうした一覧表を校内の関係者で共有し，職員全体で活用できるようにしましょう。

File 11

虐待されている子のサイン

小学生　他者への暴力　情緒不安定　虐待

　小学校4年生のK児はほとんど毎日休むことなく登校してくるが，朝の会を待つことなく，砂場の近くの茂みでアリやトカゲなど，小動物を見つけては殺していた。担任は携帯電話で職員室にいる教務主任に連絡を取り，K児が教室から抜け出していることを伝えると，教務主任がK児のもとに走ることにしていた。K児に「もうチャイムがなっているのだから教室に入りなさい」というと，K児は「チャイムは聞こえなかった」と言うなど，わかりきった言い訳をする。教室に戻ってきたあとも，床や教壇に寝そべって，椅子に座って学習することは少なかった。このような状態を保護者に伝えると，「家ではとても良い子にしています。先生方の教え方がいけないのではないですか？」と言い返されて終わることが多かった。そうした日は，K児は家で叩かれたり，食事を抜かれたりするようであったが，保護者は学校でそのことを「しつけです」といって正当化していた。
　友達との人間関係の面では，自分の影響力や存在を誇示しようとする行動が目立ち，下級生に対しては命令口調で話しかけたり，いたずらや悪口が絶えないという状況であった。ささいなことがきっかけになって，突然感情が爆発し，友達に暴力をふるうことがある。感情が一度爆発すると，周囲にいる人が耳を覆いたくなるほどの大声で泣き，騒ぎ，物を投げたりする。こうした暴力的な行動を取っているときは，目つきが変わり，別人格になっているようだった。しかし，大暴れして少し疲れてくると，我に返り，その後は女性の先生にしがみつき，おんぶやひざの上に座ろうとして甘えるような行動が目立つ子どもであった。

相談場面

- 担任教師が生徒指導主任へ「虐待の疑いのある子ども」として相談した。
- 「K児への配慮・指導の仕方」と「保護者への対応」をどのようにしたら良いか相談したい。
- どのような関係機関と連携する必要があるのかについて検討したい。

File 11 虐待されている子のサイン

1 多角的な支援を計画する
● 被虐待児の特徴と思われる子どもの困難を挙げ，考えられる支援を考えてみましょう。
● 保護者との関わり方の原則をまとめてみましょう。

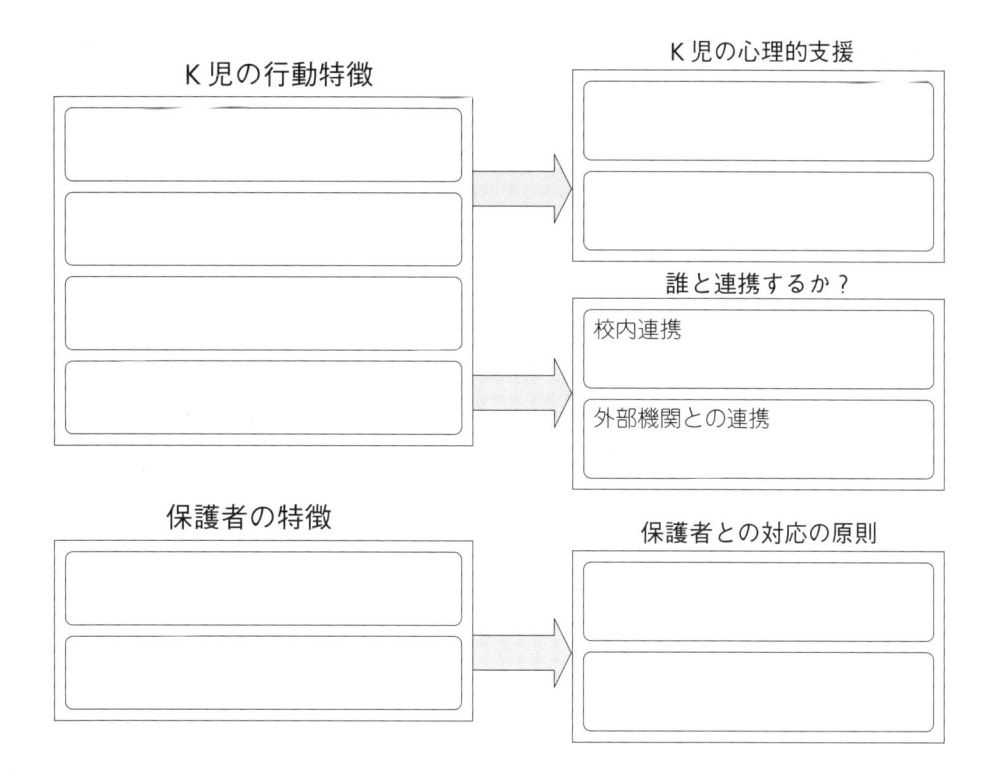

K児の行動特徴

| |
| |
| |
| |

→ K児の心理的支援

| |
| |

→ 誰と連携するか？

校内連携

外部機関との連携

保護者の特徴

| |
| |

→ 保護者との対応の原則

| |
| |

ケース検討のポイント！
● 「困難の分類」：学校で対応すべき困難と，外部機関の専門家の支援を受ける必要があるものを区別してみましょう。
● 「保護者支援」：虐待への対応は「子ども」だけを見ていたのでは不十分です。保護者の特徴をつかみ，対応の方針を学校で考えましょう。

2 ケースを見つめる教師の「眼」

1. 被虐待児への支援の原則

　虐待による情緒不安定や行動上の困難を抱えている子どもを支援する場合，「これだけ支援をしているのにどうして状況がかわらないのか？」と徒労感を感じることも多くあります。しかし，虐待による心理的特徴は「家庭」によって作られているのですから，「家庭」が変わらなければ子どもの状態が改善しないというのも理解できます。それでは，学校は何をしても仕方がないのでしょうか。そのようなことはありません。子どもの状態が目に見えて「改善」しなくても，「せめて学校だけは，K児の存在を肯定しよう」という気持ちで働きかけを続けることが大切です。

　また，K児のような行動上の困難が深刻な場合は，教育委員会に加配教員を申請したり，情緒障害児特別支援学級に措置したりすることも，K児にとって有効な場合があります。一方，校内で一貫した支援をすることや，病院・児童相談所などとの連携も重要になるので，外部機関とやり取りをする窓口を決めておくことも大切です。

　さらに，保護者との対応では，保護者を追い込むことなく，子ども同様に

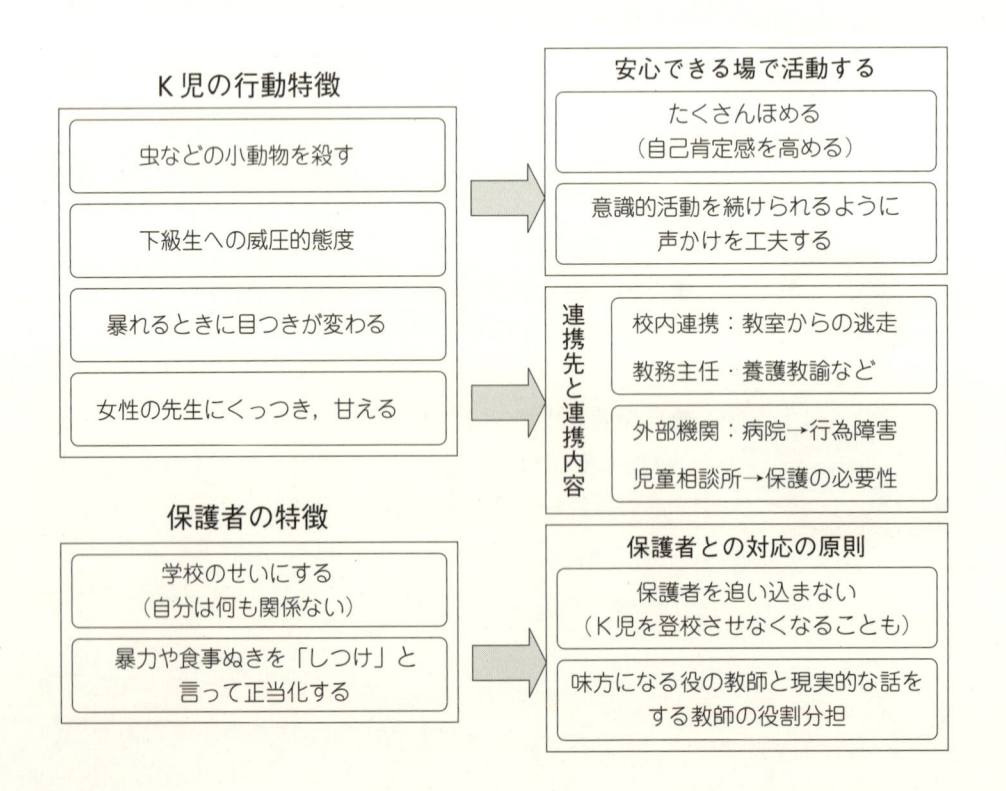

K児の行動特徴		安心できる場で活動する
虫などの小動物を殺す	→	たくさんほめる（自己肯定感を高める）
下級生への威圧的態度		意識的活動を続けられるように声かけを工夫する
暴れるときに目つきが変わる	→ 連携先と連携内容 →	校内連携：教室からの逃走 教務主任・養護教諭など
女性の先生にくっつき，甘える		外部機関：病院→行為障害 児童相談所→保護の必要性

保護者の特徴		保護者との対応の原則
学校のせいにする（自分は何も関係ない）	→	保護者を追い込まない（K児を登校させなくなることも）
暴力や食事ぬきを「しつけ」と言って正当化する		味方になる役の教師と現実的な話をする教師の役割分担

「支援が必要な人」として対応することも重要となるでしょう。

2.「子ども」だけではなく,「保護者」も支援する

学校の教師は毎日子どものそばにいますので,「子どもを保護する使命感」から虐待を繰り返す保護者に「○○くらいはやってください」といった要求を出してしまうことがあります。しかし,そのような学校側の対応がうまくいったという報告をほとんど聞いたことがありません。

虐待を繰り返す保護者の多くが自分自身も愛情豊かに育てられていない人で,「どのように育てたら良いかわからない」という悩みを抱えています。こうした保護者の中には,自分も子どもの頃に虐待を受けていたという人も多くいます。そうした人は幼少期のつらい経験が影響して,子どもが目の前で言うことをきかなくなると「感情の制御」ができなくなるのです。中には,「気がついたときには子どもを叩いていました」という親も少なくないようです。

こうした保護者に対しては,「子どもの良いところを見つけて,ほめる」ことから始めなければなりません。そして,保護者の子育ての苦労をねぎらい,保護者に「あの先生と話をしたい」と思ってもらえるような接し方をするよう心がけましょう。保護者のストレスを軽減することが,虐待の深刻化を防ぎ,結果的に子どもの安全を確保することにつながるのです。

もちろん,給食費や教材費などが滞っている場合には,保護者が嫌がるようなことを言わなければならないかもしれませんが,担任教師はあくまでも保護者の味方になることが大切です(子どもを虐待する保護者への対応方法については,File 15 を参照)。

虐待通告と個人情報保護

個人情報保護法が施行されてから,学校や行政機関は個人情報保護についてとても厳しく対応するようになりました。こうした法律はとても重要なものであり,かつ,厳格に適用されていくべきものですが,被虐待児に関しては話が多少異なります。

虐待や犯罪に関係する事案については,個人情報保護法は適用されません。つまり,守秘義務を有する公務員等が職務上知り得た情報であっても,虐待の疑いがある場合には,その情報を関係する機関に伝えてもよいということになっています。こうした除外規定は子どもや社会を守る意味でつくられたものですので,教師や保育士など子どもの生命・安全を守る仕事に就いている関係者は「虐待通告をする」ことがむしろ「義務である」と考え,通告をためらわないことが重要です。

Chapter 4　行動と感情をコントロールするアプローチ

3　虐待を疑う子どもと保護者の特徴

(1) 子どもの特徴

身体的特徴
（　）身体に「あざ」をつくってくることが多い
（　）同じ服を着てくる・風呂に入っていないようだ（身体が臭う）
（　）身長・体重の増加が著しく悪い

行動特徴
（　）家に帰るのを嫌がる
（　）弱い者をねらっていじめる・小動物を殺して遊ぶ
（　）暴言（死ね・バカ等）・暴力（叩く，嚙む等）が頻発する
（　）不特定の人にベタベタとくっつく
（　）家出を繰り返す・夜に徘徊しているときがある
（　）非行（シンナー・火遊び等）・犯罪（窃盗等）を繰り返す
（　）食事を食べていない（「ご飯食べた？」→「忘れた」と言う）
（　）忘れ物が多く，提出物（給食費など）が滞っている
（　）給食で過食が目立つ・おかわりをしないと気がすまない

心理的特徴
（　）すぐにわかる嘘をついて言い訳をする
（　）ボーっとしているときがある（空想にふけるときがある）
（　）お話は良くできるのに，文字の覚えが悪い
（　）集中しているときと，落ち着かないときの差が激しい
（　）月曜日や長期休暇明けに調子が悪いことが多い
（　）自己肯定感が低い（「俺は生まれてこないほうが良かった」などと言う）
（　）突然泣いたり，何かにおびえたりする

　「発達障害」の特徴としてあまり考えにくいものを中心に挙げています。このほかに被虐待児の特徴として「落ち着きがない」「忘れ物が多い」など発達障害児と同じ特徴を併せ有していることも多くあります。
　虐待の種類によって該当する項目は異なりますが，複数の教師が一人の子どもをチェックして，同じ箇所にチェックが入る場合には，虐待の可能性が高いと思われます。子どもと保護者のどちらにも3個以上のチェックが入る場合には「虐待の疑い」として対応を開始しましょう。
　（チェック項目は被虐待児に関する文献を参考にして新井が作成しました。）

(2) 保護者の特徴

子どもへの接し方

( ) 子どもを叩いたり、蹴ったりしている姿をよく目にする
( ) 子どもを引きずるように連れてくる（連れて帰る）
( ) 「子ども」よりも「自分」を優先する（小さな子どもをおいて遊びに行く等）
( ) 他の兄弟姉妹と明らかに待遇に差をつける（一人だけ物を買わない等）

教員とのやりとり

( ) 「体罰はしつけ・うちの教育方針」とはっきり言う
( ) 面談の約束などをすっぽかすことが多い（よくドタキャンをする）
( ) 学校のトラブルを話しても「家ではおとなしくて良い子です」と言って取り合おうとしない
( ) 提出物が滞ることが多い
( ) 子どもの育て方がわからないと話すときがある
( ) 「自分も小さいころ、叩かれて育った」という話をする

心理的状態

( ) 感情の起伏が激しい
( ) 子育てにエネルギーを注げない時期がときどきある（「うつ」の傾向）

他の保護者との関係

( ) 他の保護者（近所づきあいも含む）との交流が少ない
( ) 家の中から大声（大人の罵声・子どもの悲鳴等）が聞こえるという情報が近所の人から寄せられている

教師のメンタルヘルスに要注意

　被虐待児は安心できる環境の中で、自分を認めてくれる大人に対して挑発的な行動（ためし行動）を取ることがあります。そのため、被虐待児のそうした特徴をよく知らない里親などからも、再び虐待を受けてしまうことがあるといわれています。学校で被虐待児を受け止めるためには、虐待の実態や被虐待児の心理的特徴について、全職員で研修を積むことが重要であるとともに、教師自身が精神的に健康でいることが大切です。

4 被虐待児の「指導」の方法

1.「安全・安心」を確保する

　被虐待児が心理的に不安定なのは，乳幼児期の人間関係が大きく影響していると言われています。このため，被虐待児は「心の拠り所」がなく，「いつも気が張っている」状態の中で生活しているのです。そのため，学校その他で自分にふりかかってくるものごとに過敏に反応してしまい，たとえば，友達と目線が合っただけでも「あいつににらまれた」と因縁をつけて攻撃したりしてしまいます。また，気の休まらない家庭で過ごしているので，心理的なストレスが相当たまっていて，気に入らないことがあると，気持ちのやり場を見つけるかのように，暴れたりします。

　こうした被虐待児の心理的特徴を考えると，学校がまず行うべき対応は被虐待児に「学校は安全・安心な場所である」ことを伝えることです。これには，教職員すべての意識と関わり方が重要です。また，学校のどこかに「リラックス・スペース」などの子どもが安心できる場所をつくり，被虐待児の気持ちが混乱したときに活用できるようにしておくと良いでしょう。

2.「ほめる」ことを通じて，自己肯定感を高める

　圧倒的に自分より強い大人から，長期間抑圧を受けながら成長した被虐待児は，客観的に見ると明らかに理不尽な大人の対応に対しても，「自分が悪い子だから，親は叩くんだ」と思いこんでしまいます。そして，そのうち「どうせ自分はだめな人間なんだ」というあきらめの気持ちに変わっていき，自分を大切にできない大人へと成長していきます。

　こうした気持ちはいずれ，他者を大切にすることができずに感情のおもむくままに他人に暴力をふるうようになってしまいます。この悪循環を絶つためには，学校で子どもをたくさんほめて，「自分も捨てたものではない」とか「自分のことを大切にしてくれる人がいる」という気持ちにさせ，自己肯定感を高めることが重要になります。

　自己肯定感を高める具体的な方法としては，ささいなことでも良いので，子どもなりに「がんばった」ことを見つけ，大げさにほめるなど賞賛の機会をつくることです。被虐待児はほめられた経験が少ないので，教師から賞賛されても「うるせえ」などと言い返してくるかもしれませんが，教師の心からの賞賛の言葉は被虐待児の心に必ず届いています。小学校高学年以上の子どもであれば，学校の中で「係」や「役割」を与えてほめるといった方法を採用してもよいでしょう。

3. 目的意識をもった活動と自己コントロール

　被虐待児は現実世界での虐待のつらさから逃れるために，自ら仮想世界をつくり，そこに逃げ込む心理的特徴があると言われています。被虐待児は，叱られているときに，「目がうつろになり，別の世界に意識が飛んでしまっているように見える」といった経験をしている教師も多くいることでしょう。こうした別世界に逃げ込むことで，虐待を受けているときにも子どもは痛みやストレスを緩和することができるのです。

　その一方で，学校で暴れたときのことをまったく覚えていないなどの記憶の断絶も生じています。また，仮想空間（別世界）と現実空間が認識的に混乱しているので，誰かが近づくだけで，恐怖心が高まり，パニックを起こしたり人を攻撃したりしてしまいます。

　このような被虐待児の中には，専門家による心理療法が必要な子どももいます。しかし，心理療法の専門家ではない「教師」にもできることはあります。それは，ストレスや不快な時間を少なくし，逆に，楽しい活動をたくさん用意することで，子どもが現実世界の中で「考え」「実行する」時間を増やすことです。

　簡単に言えば，夢中になれる活動を教師と関わりながらすることで，時空間の混乱を引きおこさないようにすることです。学校での活動をこうした楽しい時間にするためには，毎日の「勉強がわかる」ことはとても重要な要素になりますし，細かいルールで縛るのではなく，自らルールを守ろうとする雰囲気の中に子どもをおくことが大切です。

　通常の学級では他の子どもへの指導もあるので，すべて被虐待児のペースで授業を進行するわけにはいきません。そのため，被虐待児は多少なりとも学校でストレス下に置かれて，感情をコントロールできなくなることもあります。こうした子どもには，一時的に別室（保健室や特別支援学級，あるいは職員室・校長室）で対応することが有効な場合もあります。学校では，被虐待児に個別に対応するときの方針を決め，「子どもの気持ちを聞く」→「一緒に遊ぶ」→「個別指導の中で勉強する」などのように段階をふんだ対応を心がけ，通常学級に合流させましょう。被虐待児への対応は，学級担任一人で解決できるものではないことが多いので，管理職を含めて被虐待児をどのように支援するかを学校全体で考えることが大切です。

Chapter 4 行動と感情をコントロールするアプローチ

5 「児童虐待」と判断する基準は？

虐待の疑いのある子どもについて以下の点を整理してみましょう。

虐待をしているのは誰か？	
どのような虐待か？	
虐待が繰り返されている頻度と期間	
子どもにどのような影響があるか？	身体面 情緒面 認識面

1. 虐待をしているのは誰か？

　児童虐待は「家族」の誰かに虐げられている状態を言います。特に保護者には子どもを監督する責任があり，必要な「教育」や「指導」を行う義務と権利が与えられています。児童虐待とは，そうした「教育」や「指導」の範囲を逸脱した行為や，逆に監督責任あるいは「教育」「指導」をあきらかに放棄している行為全般を言います。このように，**「家族による行為」**であることが児童虐待の条件ですが，ここで言う「家族」とは血縁関係や婚姻関係の有無は問題ではありません。内縁の夫や祖父母なども含めて，「一緒に住んでいる大人」からの行為であれば，すべて児童虐待となります。

2. どのような虐待か？

　児童虐待は以下の4つのタイプに分類されます。もちろん，一人の子どもが

複数のタイプの虐待を同時に受けていることもあります。
① 身体的虐待
　骨折・あざ・やけどなどで病院に行くことが多い。怪我をした経緯を保護者に聞いても不自然な理由が話される。
② ネグレクト（養育放棄）
　食事を与えない・お風呂に入れない・洗濯をしないなど，子どもを養育している親が当然すべき行動をしない。
③ 心理的虐待
　子どもを執拗に責める・兄弟間での差別的な待遇・親の過度な期待を背負わせる・細かい約束事を決め子どもの自由を奪うなど，子どもの精神的な自由を奪う行為をする。
④ 性的虐待
　親が子どもに性的な嫌がらせをする（体に触ることのみならず，風呂をのぞく，布団に入ってくるなども含む）。

3. 虐待の頻度と期間は？

　虐待かどうかを判別するときには，上記のような行為が一定期間繰り返されていることを確認する必要があります。しかし，何カ月以上，週に何回といったような明確な基準があるわけではなく，周囲の大人が常識的に判断して看過できない頻度で繰り返されていると判断した場合には，「虐待の疑い」として通告することが必要です。

4. 子どもへの影響は？

　周囲の大人が看過できない程度という基準をもう少し明確に示しておくと，次のようになります。すなわち，「**この状態が続けば，子どもの精神的・身体的な発育に悪影響がある**」と考えられる状態であれば，児童虐待となります。
　たとえば，身体面では「身長や体重の増加不良」，情緒面では「虫を殺す」「友達への暴力がひどい」，認識面では「文字の覚えが悪い」「学習に集中できない」など，子どもの成長・発達を阻害しているような状態が見られるのであれば，それは「悪影響がある」と考えられます。
　これら子どもの精神的・身体的側面だけを見ると，一見，発達障害児なのではないかと思われます（障害と虐待の見分け方については20～21ページ参照）。しかし，被虐待児は「同じ洋服を毎日きてくる」「家に帰りたくないと言う」など，家庭で満足な養育を受けていない姿が見えてきます。こうした家庭に対しては，担任教師は家庭訪問をした際に家庭の様子を観察してくることも重要です。いずれにしても，この家庭環境で生活していると子どもの健全な育成ができないのではないかと思ったら，それは児童虐待です。

File 12

暴力をふるう子との「関係」づくり

中学生　他者への暴力　情緒の不安定　衝動性

　L児は中学2年生の男子。体格が大きく，小学生の時から周囲の友達とけんかが絶えない子どもであった。小学生のころは，我慢するのが苦手な子どもで，教師からの「〇〇しなさい」というような指示が出されるとよくキレて，暴れていた。中学に入ってからは，耐性の不足に加えて，「強いもの」へのあこがれもあり，自分の強さを誇示するために，気に入らないことがあると大声を上げて相手を威圧し，時には殴る・蹴るといった暴力が出ていた。周囲の友達はそうしたL児の様子を見て，できる限り関わらないようにしようとL児を敬遠している様子であった。
　あるとき，運動会の出場種目を決めているときに，自分が出たいと思っていた種目に別の人が入っているのを見て，イライラし始めていた。その様子を察した友達は「いいよ譲るよ」と言った。しかし，その「やりとり」の一部始終を見ていた担任教師はルールに従って決めたのだからL児にあきらめるように促した。そうした対応をとる担任教師に腹を立てたL児は椅子や机を蹴って，感情をあらわにした。
　騒ぎを聞きつけた生徒指導主任が教室の中に入り，L児を押さえて別室に連れて行ったが，L児の怒りはおさまることなく，大声を上げ，部屋の中にあるものを投げ始めた。複数の教師が止めに入り，投げると危険なものをすべて排除したが，最終的に椅子をガラスにぶつけて割ってしまった。

相談場面

- 生徒指導主任から巡回相談員へ。
- 「暴力」をふるうL児をどのように理解したらよいのか？
- すべての子どもが安心して暮らせる学校にするにはどうしたらよいか？

File 12　暴力をふるう子との「関係」づくり

1　「怒り」の理由を考える
- 人が「攻撃性」を示す理由にはどのようなものがあるのだろうか？個人・環境の両面から考えてみましょう。
- 「攻撃性」を示す子どもへの対応の原則についてまとめてみましょう。

L児が「攻撃性」を示す理由とその対応の原則を検討してみましょう。
（ケース・ファイルに書かれていないことも含めて想像してみましょう）

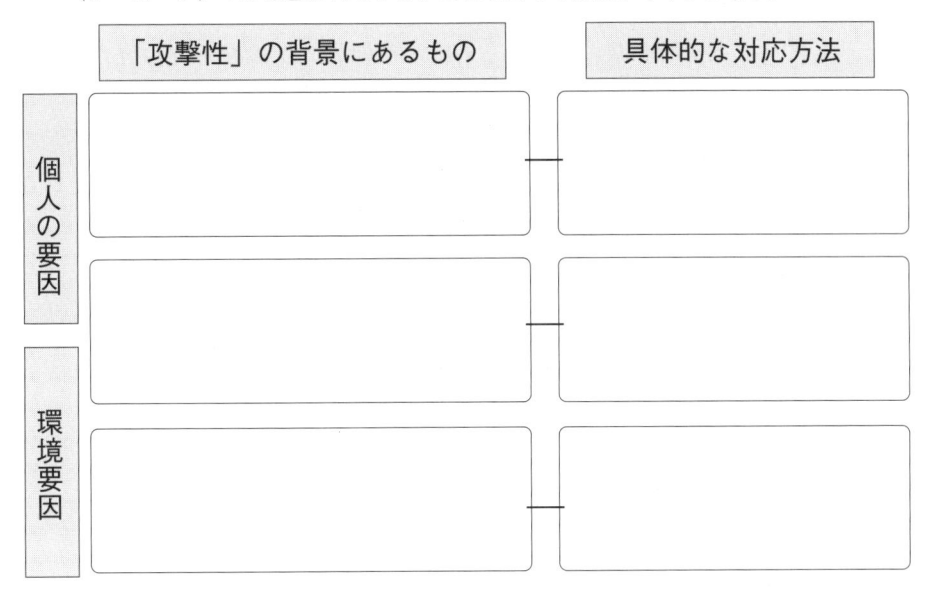

	「攻撃性」の背景にあるもの	具体的な対応方法
個人の要因		
個人の要因		
環境要因		

ケース検討のポイント！
- 「障害」の有無。→通院歴や困難がいつから継続しているか？
- 過去に負の学習をしてしまったことによる困難は「環境要因」と考えられるが、それが不可逆的な困難として固定して存在している場合には、個人的な要因としても考える。
- 「適切な関わり」が不足（欠如）している場合には、非行・犯罪などの反社会的行為へと結びつく場合が多い。（特に家庭での「虐待」が疑われる場合には要注意）

Chapter 4 行動と感情をコントロールするアプローチ

2 ケースを見つめる教師の「眼」

1.「怒り」の裏側に何があるのか？

　教室の中で他人に「暴力」をふるう行為については,「子どもの気持ちを聞いてから」というような悠長な対応をすることができないことも多くあります。それは,何の落ち度もないクラスメートが暴力の被害者となってしまうことがあるからです。そのため,「暴力」に対しては毅然とした態度で子どもに接するとともに,被害を最小限にとどめる対応（危険物の排除など）に努めることが大切です。

　しかし,上記のようなその場限りの対応を繰り返しているだけでは,子どもの「暴力」が減少していくことはないでしょう。むしろ,暴力をふるっているときだけ強い態度に出て,そのほかの場面で子どもに適切な対応をしなかった場合には,「暴力」はどんどんエスカレートしていき,最終的には誰も止められない状態になってしまうこともあります。そうした状態にならないようにするためには,教師は,子どもが暴力をふるう裏にどのような理由や気持ちがあるのかを常に意識し,**子どもの気持ちと向き合うことが必要です**。

L児が「攻撃性」を示す理由とその対応の原則を検討してみましょう。
（ケース・ファイルに書かれていないことも含めて想像してみましょう）

	「攻撃性」の背景にあるもの	具体的な対応方法
個人の要因	「我慢」する力が小さい頃から弱かった。育て方や学校での指導以前にもともと衝動性の強い子どもであったかもしれない。	ADHD児の対応方法を応用する（File 2 を参照）。衝動性が強く,気持ちを制御できない状態のときには医療機関の活用も考える。
環境要因	何度か周囲に暴力をふるっているうちに,暴力をふるえば自分の要求が通るということを「学習」してしまい,安易に暴力をふるうようになった。	気持ちをコントロールするための「スキル」を学習させる。暴力でなくても「心地よい」活動があることを再学習させる。
	「できないこと」や「気に入らないこと」があったときに,適切な関わりをもってくれる大人にあまり出会わなかったので,暴力でしか表現できなくなった。	大人と出会い直す機会をもつ。最初のうちは,大人は受容することに専念することが必要な場合もある。

2. 「暴力的な行為」の学習

　L児の暴力はケース・ファイルを見る限りでは，小学生の頃からのイライラが積み重なったものと考えられます。あるとき感情が抑えきれなくて，無意識のうちに手が出てしまい，衝動的に暴力をふるってしまったが，そのとき「暴力をふるえば他人を自分の思い通りに動かすことができる」というような，誤った「学習」をしてしまったのかもしれません（本人がそのように意識しているかどうかは別ですが）。

　こうした「暴力的な行為」の学習は，周囲の大人が子どもに対して不適切な対応を続けていると徐々に強まっていきます。そして，普通ならば怒るほどのことでないようなささいな出来事にも腹を立て，暴力をふるうようになってしまいます。中学や高校では，こうした学習をしてしまった子どもが暴力的なふるまいを続けているケースがあります。こうした子どもは，子ども自身も自分の気持ちをどのようにコントロールしてよいかがわからずに「困っている」ということも多々あります。

3. L児に対する支援のアプローチ

　こうした子どもに対し，学校・教師は落ち着いた環境の中で子どもが学校生活を過ごせるように体制を整備をすることが求められます。具体的には，個別的に対応することができる環境を整えると比較的落ち着いていられる子どもも中にはいます。そうした子どもにはL児のケースのように別室で対応するなどということも必要となります。

　もちろん，学校での適切な対応がなされているにもかかわらず，「暴力的な行為」が頻発するケースもあります。こうしたケースでは，家庭でのストレスを発散するところとして学校が位置づけられているということも考えられますので，幼少期を含めて虐待の有無について調べていく必要があります。

　L児に対する対応方法にはいくつかのアプローチが考えられます。まず，教師と子どもの関係を築きなおすことが必要でしょう。L児が教師と同じ方向を向いて活動することができるのか，多少のことを我慢しながら友達と協同活動ができるのか，を考えていかなければなりません（次ページ以降にその原則を記述しました）。

　一方，L児の状態が学校でのアプローチでは限界に感じるほど深刻なものであったなら，医療機関や心理の専門職との連携を考えなければなりません。場合によっては「行為障害」などの診断がくだり，服薬を含めた対応が必要な場合もありますが，「暴力」そのものをなくす「薬」というものがあるわけではありません（142～143ページ参照）。子どもとの関係性をどのように高めていくかが，教師にできる最善かつ唯一のアプローチであると考えます。

Chapter 4 行動と感情をコントロールするアプローチ

3 人との関係性はどのように育つか？

　人間にとって「関係性」の発達はすべての成長・発達の基本となります。「誰とも関係をもたずに生きていきたい」という希望をもっている人が無人島にわたって生涯を幸せに暮らした，という話を今まで聞いたことがないのは，人は「人との関係」をもたずには生きていけない存在であるからです。以下，子どもの発達理論などを参考にして「人との関係性」がどのように発達していくのかを見ていきたいと思います。

1.「保護的環境」の中で育つ関係性

　近年，乳児（あるいは胎児）の研究が進み，乳児（あるいは胎児）はかなり早い段階で音を聞いているとか，親の気持ちの変化に敏感に反応しているなどといった驚異的な能力を証明する研究が報告されています。しかし，だからといってそれらの知見は，「将来，乳児は養育者がいなくても生きていけるようになる」という予測ができるものではありません。すなわち，「人は生まれたときから少なくとも数年間は誰かの養育下で生きる」という事実になんら変わりはなく，その数年間に人と「関係」を築くための基礎が身につくのです。

　初期のころの「関係性」の発達に重要なことは，「**保護的環境**」を確保することです。乳児を育てる親は子どもが泣けば，おしめを取り替えたり，ミルクを与えたりして，いわば「**無条件的な受容**」にもとづき養育します。一方，乳児も「泣き方を変える」など，もっている表現手段を最大限，駆使して養育者に意図を伝えます。そうした「**適切な応答関係**」を繰り返していくと，「この人は自分のことを守ってくれる人だ」ということを子どもは理解するようになり，その後，養育者以外の人が近づいてくると泣く，などの時期が訪れます。

　こうした時期に，保護的環境が確保されなかったらどうなるでしょうか。乳児期であれば養育者の適切な応答がなければ，子どもは時には死亡してしまうこともあるでしょう。栄養だけは与えられ，何とか命をつないでいたとしても，そのほかの養育を何もなされないまま成長してしまうと，子どもは人との適切な距離を保つ方法を理解できないまま大きくなってしまいます。

2.「安全基地」からの発信と「安全基地」の内面化

　保護的環境の中で育った子どもは，養育者（あるいは家庭）を「**（心理的な）安全基地**」として位置づけ，そこを拠点に発信・活動を展開していきます。乳児期の後期（あるいは幼児期の初期）には，安全基地である養育者が視界に入っていれば，養育者以外の大人とも「関係」を保つことができるようになって

きます。しかし，養育者が部屋から出ていくなど，近くにいないことがわかるととたんに泣く，などといった特徴をもっているのもこのころです。この時期に重要なことは，安心できる保護的環境のもとでさまざまな活動を展開し，「自信」をもつことです。単に「できる」ようになったことによって自信をもつだけでなく，周囲の人に褒められたり，認められたりすることを喜ぶ経験もこのころにたくさんすることが大切でしょう。

　幼児期になると，子どもは「ものの永続性の理解」や「他者の気持ちを推測する力」などが発達してきます。こうした認識力をもとに，「養育者は目の前にいなくても自分のことを守ってくれている」という確信（信念）をもつことができるようになります。こうした確信（信念）が心の内にしっかり形成されるようになると，抱かれたり，くっついたりしなくても，「関係性」を保っていくことができるようになります（「安全基地」の内面化）。

3. 関係性の発達を成立させる要件

　以上のような関係性の発達のプロセスは乳幼児期のみならず，児童期・青年期・成人期にも応用できるものであると考えられています。つまり教師と子どもが関係を築いていく際にも，そのプロセスを大切にしていかなければなりません。関係性の発達を学校での教師と子どもの関係に置きかえると以下のようになります。

〔関係性の発達〕	〔教師と子どもの関係性〕
無条件的受容 おしめや授乳など，子どもの反応を見ながら養育者が適切な対応をする。このとき，養育者は子どもに対して無条件的な受容が必要。	⇒	子どもがどのような態度を示そうと，「自分はあなたのことを見ている」というメッセージを無条件的に伝えることが重要。
適切な「応答」の繰り返し 子どもの意思表示が非言語で表出される。そのとき，養育者が子どもの意思を汲み取り，可能な範囲で「応答」する（数ヶ月繰り返す）。	⇒	子どもが発するメッセージ（非言語であることが多い）を適切に受け止めて，どのように応答するかで関係性が変わってくる。
「安全基地」の形成 適切な応答が繰り返されると，特定の大人を「安全基地」として位置づけ，そこを拠点にさまざまな発信・活動をし，自信をつける。	⇒	担任教師や保健室など安心できる人や場所を拠点に少しずつ活動を広げ，自信をつけていく。活動への自信とともに安心できる人や場所から少しずつ離れていくことができる。
「安全基地」の内面化 先の見通しがもてたり，相手の気持ちを推測できるようになると，安全基地となる人が目の前にいなくても安心できるようになる。	⇒	教師に叱られても，「先生は自分のことを見てくれている」という確信（信念）があれば，子どもは教師の言うことを聞き入れる。

Chapter 4　行動と感情をコントロールするアプローチ

4　教師はどのように働きかけるか？

1．関係性の発達を阻害する「障害」

　前節の「関係性はどのようにして育つか？」では，乳児期の発達過程を参考にしながら，教師と子どもの関係性を築くための要件をまとめました。しかし，こうした通常の関係性の発達を阻害する要因がいくつか存在します。まず，ネグレクトの家庭で養育者が子どもの発信に適切に応答しようとしないために関係性を築けない子になるなどということは容易に想像できることでしょう。

　養育者が適切に応答しようとしていても，子どもとうまく関係が築けないケースもあります。たとえば，自閉症児は相手の「顔の表情」に注目したり，「イントネーション」の違いに気づくことが極端に苦手です。また，模倣をすることも苦手であったり，指差しの出現時期が遅いなども自閉症児の障害特性として挙げられています。こうした自閉症児は，人との距離感をつかめずに，うまくコミュニケーションをとることができません。そのため，人に話しかけたり，相手に気の利いたことを言うのがとても苦手になりますし，人と関係を築けないでいる子がいます。

　こうした障害のある子どもへの対応は，教師が子どもの特性を十分に理解し，「洞察力」を高めていくことが重要になります。たとえば，何かがほしいときに「○○をください」と表現することができない子どもに対しては，「何かをほしがっているときには〜のようなしぐさが出る」とか，「活動に参加したくないときは〜のような表情をしている」などのように，子どもが発している微弱な変化に気づき，「これがほしいの？」「無理しないで休んでいいんだよ」などといった応答をすることが大切です。こうした応答関係を続けているうちに，自閉症児も教師を安全基地として位置づけ，関係をもとうとしてきます。

2．人と適切な関係を築けない子どもへのアプローチ

　子どもの発信を受け止め，適切に応答する中で関係性が形成されていくのは，不登校児や反社会的行動を繰り返す子どもでも同じです。こうした子どもと関係を築いていこうとする場合には，以下のことに留意して教師は働きかけることが大切です。

（1）「言葉」に頼りすぎないこと

　子どもと関係を築いていこうとした場合，多くの教師は「言葉」を媒介にしようとします。しかし，「言葉」を媒介にして2者間の関係を保っていくことができることばかりではありません。教師は，言葉でつながろうとするのでは

なく，子どもの表情やしぐさから，「〇〇のような気持ちでいるんだね」というように子どもの気持ちを「解釈」していくことが大切です。子どもに働きかけるときも，「まなざし」であったり，音声（語勢や高さ）などに気をつかい子どもに安心感をもってもらえるようにすることが求められます。特に関係づくりの初期の頃はこうした非言語のコミュニケーションに細心の注意を払うことが大切です。

(2) 子どもと教師がともに「主体」であること（主体―主体関係）

乳児期は養育者からの無条件的な働きかけが必要であることを指摘しましたが，青年期以降の子どもと接する場合には，「教師が常にお世話をする」ことが必要なわけではありません。時には，（裏切られることがわかっていても）相手を信用し，自主的に活動させることが必要な場合があります。また，教師は一方的に子どもの言いなりになるのではなく，我慢の限界を子どもに示して「お互い気持ちよく関係をもとう」という姿勢を見せることも大切です。こうした子どもと教師がともに「主体」となって関わる関係を「主体‐主体」関係と呼びますが，青年期以降の子どもと教師の関係は，「主体‐主体」関係を築いていくことができるように働きかけることが大切です。

(3) 「スキンシップ」から「社会的交わり」へ

乳幼児期には荒れている子どもを抱っこして情動を落ち着かせ，自分が安全基地であるということを伝えていくこともできるでしょう。しかし青年期以降の子どもでは，必ずしも肌がふれあう「スキンシップ」ができるとは限りません。ゲームやおしゃべりなどの「社会的交わり」を通して相手に対する「信頼感」を高めていくことが求められます。

「社会的交わり」を通した関係づくりにおいては，単に「一緒に遊ぶ」というのではなく，子どもの「情動」の変化に着目することが大切です。負けそうになったときや，話をさえぎられたときなど，子どもの気持ちが大きく揺れ動いているときにどのように働きかけるかがポイントです。子どもの状態を見ながら，荒れそうになる気持ちを鎮めたり，吐き出させたりして，自己コントロールができるように支援することが求められます。こうした教師の働きかけに「正解」はありません。いわば，押したり，引いたりしながら，適切な関係性（距離感）を見つけていくしか方法はありません。

Chapter 4 行動と感情をコントロールするアプローチ

5 「行為障害」の子どもへの対応

対応に苦慮している子どもの行動・困難をまとめてみましょう。

行　動	状　態	頻　度
例：破壊的行為	友達とのトラブルで机を投げる、ガラスを割るなど危険な行為に及ぶ。	月に1度くらい大きな爆発を起こす。

1．「行為障害」とは？

ICD-10 という国際的な障害分類の基準を参考にすると，行為障害とは，以下の点が満たされている状態を言います。

- 年齢相応の行動から大きく逸脱している反社会的な行動や攻撃的・反抗的な行動が長期間（6カ月以上）にわたって継続していること。
- 以下のような具体的な行為が頻発していること。
  「過度な暴力（けんか・いじめ）」「動物・弱い者への残虐行為」「物の破壊」「放火・窃盗」「家出」「ひどいかんしゃく」「大人への挑発的行為」
- 広汎性発達障害や多動性障害，うつ病などの精神疾患に起因する行為である場合には，行為障害とはならない。

行為障害のある子どもへの対応は，左ページの表を活用してどのような行為がどのくらいの頻度で生じているのかをまとめることからはじめます。こうしたまとめをしていくうちに，特定の場面において子どもが混乱していることが見えてくるかもしれません（例：昼休みに頻発している等）。仮に，一つのパターンにまとめることができなくても，「難しい課題が課されたとき」とか，「自分の意見が通らなかったとき」など，子どもの反社会的行動が生じやすい状況が見えてくるでしょう。

2. 行為障害のある子どもへのアプローチ

行為障害のある子どもへの対応には以下の点に留意する必要があります。

(1) 子どもへの負荷を少なくする

行為障害が認められる子どもには，学校の「きまり」を最初からすべて守るというのは大きすぎる課題です。学校の中で子どものペースで活動できるような時間や場所を確保し，少しずつ集団の活動に参加できるように働きかけていきましょう。こうした特別な対応を提供する際には，支援員などの人的スタッフの加配や，特別な時間割（別室での対応を含む）などが必要なケースもありますので，支援資源や支援の場についても検討することが必要です。

(2) 「人と関わる力」を付ける

学校で一貫した対応をとり，安心できるキーパーソンや居場所を確保することが重要です。こうした人や場所を基地にすることができれば，子どもは少しずつ人と関係をもとうとしてきます。ただし，「人と関わる力」は自然と身に付くものではなく，教師が子どもと向き合い，日々奮闘する中で，少しずつ形成されていくものです。このとき，キーパーソンを決めて対応することが有効ですが，学校としては一人の教師に行為障害の子どもの対応を丸投げするのではなく，学校全体で子どもに対応している教師を支えることが重要です。

(3) 医療機関との連携をはかる

上記の2点を中心に学校を挙げて子どもと向き合う体制をつくり，数カ月間，実践を続けてもなお行為障害が軽減しない場合には，医療機関との連携が必要です。医療機関では，行動を抑制する薬が処方されることもありますが，「薬を飲めば暴力がおさまる」というものではありません。あくまでも，行動を抑制する効果のある薬を服用しているだけで，薬の効果がなくなればもとの状態に戻ります。学校では，薬を飲んで穏やかな状態のときに，子どもをたくさんほめたりするなど，関係性を高めていくことが大切です。

Chapter 4　行動と感情をコントロールするアプローチ

> コラム③
>
> ### 子どもの希望と保護者の思いが一致しません
> ### こういうときはどうすれば良いでしょうか…
>
> 　学校の教師は子どもの幸せを願う存在であるから，子どもの希望を優先すべきである，という考えは少し極論だと感じる人も多いと思います。一方，子どもの人生は保護者のものではなく，本人のものなのだから，「本当は保護者が子どもにもっと歩み寄らなければならないのでは…」という考えには，同調する教師もいるのではないでしょうか。
> 　教育相談の立場から上の2つの考え方を見つめると，どうなるでしょうか。前者は「教師が子どものために頑張る」という面が強調されていて，少し行きすぎの感があります。一方，後者は「保護者が子どものために妥協する」という面が強調されていて，保護者の問題とされている感があります。一見すると，両者は異なる見解のように見えますが，実は同じことを言っているのではないかと考えます。
> 　そのように考える理由は，どちらも「子どもの希望をかなえてあげたい」という教師の思いが根底にあるものだからです。後者は保護者のあるべき姿を論じていますが，これはあくまでも教師の言い分です。少し極端な見方をすれば，教師は心のどこかで「子どもの自由」を望み，保護者をどのようにしたら説得できるだろうかと考え，「保護者の無理解」を改善したいと思っていることが多いのです。
> 　子どもの希望と保護者の思いが一致しないとき，どうすればよいか。これは，教育相談の中でもある意味で，究極的な問いであり，もちろん，明確な答えなどありません。いや，明確な答えを導き出そうとするのではなく，親子の問題なのだから，親子がちゃんと向き合い，話し合って，親子で結論を出すこと以外に答えなどないのだと思います。教育相談でできることは，そうした両者のコミュニケーションを円滑にするお手伝いです。
> 　そのため，こうしたケースでは，親子の話し合いの場を設定することが教師の仕事であるかもしれません。しかし，場を設定するだけで親子が話し合い，問題が解決するのであれば，教師が介入しなければならないほどの問題にはなっていないでしょう。場合によっては，親子の活動を用意するなど，関係改善のためのきっかけづくりが教師の重要な役割となるかもしれません。
> 　このように教育相談とは，「子どもの気持ちを親にどのように理解させるか」という一方向的なものではなく，あの手，この手を使って親子関係をゆさぶり，関係を変化・発展させる支援をすることなのではないかと考えます。

Chapter 5
保護者との教育相談を成功させるには

Chapter 5 のポイント

保護者の「思い」と向き合う教育相談

1．保護者と信頼関係を築くために

> 「子どもを良くしたい」という一点においては，多くの教師と保護者の間で「合意」できるはずです。子どもの教育をめぐる意見や対応の差があったとしても，最後の最後では「子どもを良くしたい」という教師と保護者の一致した「思い」に立ち返りながら，教育相談を展開しましょう。

　これが，保護者と信頼関係を築く基本原則です。そして，多くの教師がこうした基本原則は理解していることでしょう。しかし，実際は…。

　Chapter 5 では，実際にどのようにしたらこうした原則を実践できるのかについて解説していきます。具体的な File に入る前に，こうした原則をもう少しかみ砕いて説明しておきたいと思います。

木を見ずに，森を見る

　上に示した教育相談の原則を，一般的な言葉に置き換えるとこの慣用句に相当すると思います。保護者は「我が子」を具体的に思い描きながら，学校や担任教師に話をします。学校や担任教師は「学校のすべての子ども」あるいは「クラスのすべての子ども」を想像しながら保護者の話を聞きます。こうした立場の違いから，教師と保護者の間の溝ができることがあります。

　たとえば，「うちの子どもが学校で○○させられた」と言っていました，と訴えかけてくる保護者がいたとします。学校としては罰の意味でもなく，本人にとって良かれと思ってした指導でも，保護者にとっては「やりすぎ」と感じたのかもしれません。このとき，「○○させた」ことについては，先ほどの慣用句でいえば，「木」にあたります。もちろん，「させた」ことの事実確認は大切ですが，それを言い争いの対象にすることは適切ではありません。

　なぜなら，保護者も学校も「させた」ことの裏にもっと大きな意味をもっているからです。学校にしてみれば，「させた」ことによって子どもに何らかの成長を期待したことでしょう。しかし，保護者にしてみれば，「させた」ことによって子どもは嫌な思いをしたではないかと，教師に訴えかけたかったのか

もしれません。

このように,子どもに「〇〇させた」ことをめぐって,学校も保護者もそれぞれの「思い」をもっているのです。こうした行為の背後にある「思い」を慣用句のたとえを借りると「森」にあたります。教育相談では,「森」の部分で一致できるのかどうかを探ろうとすることが必要です。

そのため,学校は子どもに「〇〇させた」ことについて,子どもの成長・発達に寄与する行為であったことを説明できなければなりません(これを「説明責任」=「アカウンタビリティー」と言います)。そして,保護者は頭ごなしにすべてを否定するのではなく,学校からの説明に耳を傾けなければなりません。両者がこのルールを守って,「森」の部分で話し合いをしていけば,必ず一致点が見いだせるでしょう。

この一致点をもっとも広い「森」として捉えると「子どもを良くしたい」というところに着地するのではないかと思います。少なくとも,保護者が「納得はいかないけど,とりあえず学校に任せてみます」という気持ちになってもらえるように,「森」を見ながら保護者に働きかけていくことが大切です。

2. 保護者の「自己選択」「自己決定」を支援する

> 教育相談において,「こうしなければならない」という結論はありません。いろいろな場面を挙げて,「こんなときには,〜になります」といった情報を提供しながら,保護者に「選択肢」を与えて「判断」をゆだねましょう。保護者の「自己選択」「自己決定」を促進していくことが教育相談の一番のねらいです。

教育相談において「保護者に寄り添うことが大切である」と良く言われます。しかし,この「寄り添う」ということについてはさまざまなイメージがあるようです。たとえば,「私は保護者と一緒にとことん考えた」という教育相談担当者がいたとします。この言葉を聞いたとき,一人の人間としては「本当にご苦労さまでした」と労をねぎらいたい気持ちになりますが,教育相談の専門家としては「余計な時間を浪費しなかったか?」が気になります。

また,「寄り添う」という言葉に抵抗を感じている人などは,「すべて保護者の言うようにすることが最善だと思わない」というようなことを言ったりします。これも確かにもっともなことですが,それでは「保護者に指示・指導することが教育相談なのか?」と反論されてしまうのではないかと思います。

専門性の高い教育相談を提供していくためには,まず,相談内容を聞いたときに教育相談担当者は保護者が選択できそうな方向性をいくつかイメージする

ことが求められます。「保護者に寄り添う教育相談」とは，教育相談担当者が保護者と同じレベルで「一緒に考える」ことではなく，いつ，どのようなタイミングで，どのような情報を保護者に伝えるかを見通した上で，話を進めていくことを言うのです。

　そして，保護者には実現可能なオプションをいくつか示して，最終的には保護者に「選んでもらう」ことが重要です。教育相談担当者が理想と思える結論にならなくても，保護者が現時点でこれが最善と思えるものを自分で決めたとしたら，その選択を認め，支援しようとする姿勢を見せることが教育相談担当者の仕事です。教育相談においては，「最初から結論ありき」の態度を示すと反発を招き，相談が継続しないことが多くあります。選択肢を提示することは教育相談担当者の仕事ですが，最終的に決めるのは保護者または本人です。そうした意味において，教育相談とは，**選択肢を提示した上で「気持ちよく選んでもらう」ための支援**だと言えます。

　人は自分で選び，決定するまでには時間がかかるものです。じっくり，腰を据えて保護者と話し込むことが大切です。時には，話し合いの中で一度決めたことを変えて，態度を二転三転させる人もいます。また，「家でもやってみます」と言って帰っても，いっこうに実行されないこともあります。それは，理屈ではわかっていても，行動に移せない理由が何かあるからです。

　そうした保護者の気持ちを理解せずに，「こうしたらどうでしょう…」と指示的に選択肢を提示するのはあまり好ましくありません。もちろん，短い時間の中で相談は行われていますので，すべてのことを理解できなくても仕方がありませんが，せめて相談のときに決めた約束事が実行されなくても，**保護者を「寛容な態度」で見守る**ことを実行していきましょう。

3.「保護者」を一つにまとめない

> 子どもの個性が多様であるように，保護者にもいろいろなタイプの人がいます。教師から言われると神経質に気にしすぎる人もいれば，逆に教師からいろいろ言われた方が継続して取り組める人もいます。子どもに合わせて指導計画を立てるのと同じように，教師は保護者のタイプに応じて対応を変えなければなりません。

　教育相談の中で比較的応答に困るのは次のような話し方をする保護者です。

「私は今まで〜のように子どもと接してきました。子どももそれなりに成長してきているようですが，先生，私の対応はこれで良かったのでしょうか？」

このように話されると、「親御さんのやり方は間違っている」とは言いにくくなります（そもそも、そのように言うことはほとんどありませんが）。しかし、「それで大丈夫ですよ」と言うだけでは、保護者は「本当にわかってくれたのか？」と不安になるものです。こうした保護者に対しては、具体的にどこが良かったのかをほめることから相談を始めると多くの保護者は安心します。

　たとえば、「親御さんとしては、子どものどのあたりの成長がよかったとお感じになっていますか？」など、子育てにおいて満足しているところを聞き出すと、「ほめる」きっかけをつかめます。そして、これまでの子育ての苦労に共感した上で、「これからどんな成長を望んでいますか？」と問いかければ、本当は不安なことがあって教育相談にきた保護者の気持ちを聞き出すことができます。こうした保護者は教育相談を通して自分なりに納得できたことは、比較的継続して実行してくれることが多いと思います。

　このほかにも、いろいろなタイプの保護者がいます。たくさん本を読んで、いろいろ試しながらここまで子育てをしてきた保護者もいれば、いろいろな専門機関を「はしご」していて、逆にそれが子どもへの一貫した対応になっていない原因になっている保護者もいます。理屈を理解しようとする保護者には、専門書に書かれている理論や支援方法を紹介するのも一つの方法です。また、一貫した対応を取るために関係機関の特徴と「どんなときに利用するのか」をまとめて表にしていったりすることも教育相談の一つです。

　どの保護者が良く、どの保護者が悪いというわけではありません。それぞれの保護者がそれぞれのやり方で子育てをしてきたのであり、それぞれの悩みを抱えて「困っている」のです。その支援方法は一律ではありませんので、教育相談というものはマニュアルに沿って進めていけるものではありません。まさに「生きた対応」が求められているのであり、「保護者に寄り添う」とは、一人ひとりのタイプに応じて教育相談を担当する教師が対応を変えていくことを言うのです。そうした意味で、教育相談担当者はさまざまな対応が可能となるよう専門性を高めていかなければなりません。

File 13

保護者の障害受容を支援する

幼児　多動　友人関係　保護者面談

　幼稚園年中のM児。園での生活に慣れ，毎日元気に通園している。他の子どもたちに比べ言葉の発達が少し遅いことと多動傾向が目立ち，教師からの指示が通りにくい子どもであった。そのため，先生に言われたことがあまり理解できていないことも多く，担任にとっては"気になる子"であった。また，人とのやり取りが苦手であり，時には状況に合わない独り言が多いといった特徴が見られた。周りの友達からも"M君，変な声出してる！"とか"うるさい"というように言われたり，逆にちょっとしたことがきっかけでM児はカッとなって友達を叩いてしまうなど，友達関係でトラブルになることも多かった。

　保護者参観の日に，他の子どもを帰したあと，母親に残ってもらい，面談の席を設けた。担任教師は幼稚園での様子を伝えながら，保護者と今後の対応方針について話したいと思っていたが，そのとき，"もしかしたらお子さんには障害があるのかも…？"と伝えた方がよいのかどうか迷っていた。面談では，今日の子どもの様子を見てどう感じたのかを母親から率直に聞きながら，「医療機関で一度見てもらった方がよいのではないですか？」と思い切って提案した。母親は「うちの子どもは発達が少し遅いだけです。そのうちみんなに追いつくと思います」と憤り，頑な態度になってしまった。

相談場面

- 幼稚園での「面談」という設定で，担任から母親に園での様子を伝えた。
- 担任は今後のM児ことを思い，支援方法を保護者と共に考えるために医療機関への受診の話を始めたが，親からは拒絶されてしまった。保護者が子どもの状態を受け取めることができるようにするには，どのように相談を進めていけばよいだろうか。

File 13　保護者の障害受容を支援する

1　「受診」までの道筋を考える
- 予期せぬことを突然言われたら誰もが驚き，とまどうものです。
- 保護者に話を受け入れてもらうためには，それなりの準備が必要です。準備が整っていない保護者の背景にあるものを推測してみましょう。

「保護者の憤り」の理由として考えられることは？（多角的に列挙する）

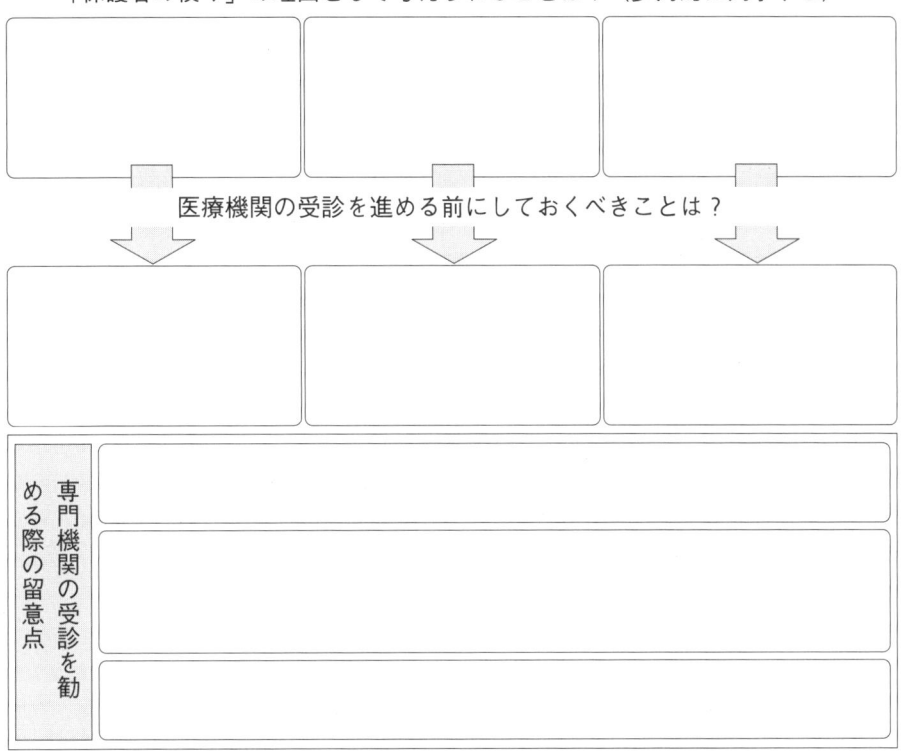

医療機関の受診を進める前にしておくべきことは？

専門機関の受診を勧める際の留意点	

専門機関の受診を勧めるときのひと言

親が「自分が責められている」と感じないように言うには…？

「うちの子どもはおかしいの？」という気持ちをもたせないように保護者と話をするには…？

（「専門機関の受診を勧めるときのひと言」の例は157ページを参照）

2 ケースを見つめる教師の「眼」

1. 時間をかけて「支援」する姿勢が重要

「お子さんには障害がありそうです」というひと言は，当事者にとってはとても「厳しい言葉」に聞こえます。そうした重大事実を医療の専門家でもない「教師」から言われたとしたら，「あなたにうちの子の何がわかるのですか！」と言いたくなる親がいても不思議ではありません。教師の眼から見て明らかに「障害」が疑われるケースであったとしても，保護者にそれをストレートに伝えることが最善策であるとは限りません。

「障害受容」には保護者一人ひとりのプロセスがあります。心理・社会的要因によって，障害があるということを納得できずに，そのプロセスがスムーズに進んでいかない人もいます。「そんなことでは子どものためにならない」と保護者を批判することは簡単ですが，保護者の了解が得られなければ先に進められないことが多い昨今，時間がかかっても，保護者との信頼関係を築きながら「障害の受容」を支援していくことが，子どもの成長・発達につながるのだと考えて，保護者対応にあたることが大切です。

「保護者の憤り」の理由として考えられることは？（多角的に列挙する）

突然，専門機関の受診を勧められて驚いた（困惑した）。	幼稚園が努力してもいないのに，専門機関の受診を勧めるのは筋違いだと思った。	父親や祖父母から子どもの「落ち着きのなさ」を自分の育児のせいにされていて，とどめを刺された感じがした。

医療機関の受診を進める前にしておくべきことは？

保護者が子どもの様子をどのように認識しているのかを把握しておくことが必要。	保護者も幼稚園と同じように子どもの行動で困っているのかどうか探っておく。	家族の中の母親の立場や家の雰囲気（父親や祖父母の育児参加の状況や子育て観など）を確認する。

専門機関の受診を勧める際の留意点	子どもが示している困難は「子どものせい」「親のせい」ではないことを伝える。 ⇒「幼稚園での対応が不十分なところもあって…」という言葉をはさむ
	いきなり医療機関での受診を勧めるのではなく，「教育相談」をもちかける。 ⇒「子育てや幼稚園での対応に困ったときに相談にのってくれる相談機関があります」というような話の切り出し方を心がける
	時間をかけて子どもの様子を共有する（同じ場面を見て，どうすればよいかを一緒に考える機会を何回かもってから専門機関の紹介をする）

2. 障害受容を阻む「心理・社会的要因」

　幼児を育てる保護者は，もともと年齢が若い人も多く，さまざまなことを気にして「神経質」の状態になっています。たとえば，「1日に〜回以上子どもに話しかけないと，子どもの言葉は育たない」など，根拠のない情報に惑わされたりしています。そうした保護者に対して「子どもに障害がある」と宣告することは，保護者に相当な衝撃与えるものだと認識すべきでしょう。

　また，子どもの状態を目の当たりにしても，いくつかの心理・社会的要因により「障害」を認められないことがあります。その一例を紹介すると，「障害があるとわかった瞬間にこれまでの家庭生活が変化してしまうのではないか」といった心理的な不安にもとづくもの，「旦那の祖母からうちは障害者が生まれる家系ではない」と言われたなど偏見にもとづくもの，「今はできないことが多いけど，いつか必ずほかの子どもと同じようにできるはずだ」という子どもに対する盲目的な期待など，さまざまなことが考えられます。

　こうした心理・社会的要因は理性的に考えれば「取るに足らないもの」であったり，「根拠のないもの」でありますが，現実の生活の中で子育てをしている親にとっては簡単には捨て去れない重大な関心事となって心に根づいています。教育相談ではそうした「気持ち」を受け止めるところから始めることが必要です。

3. 教師の前向きな姿勢が保護者を動かす

　以上のような保護者の「気持ち」を考えると，「説明されて，子どもの障害を理解する」というものではないということがわかります。そのため，教師が保護者に対して「どうして障害があることを理解してくれないのか？」という気持ちを抱いて相談にあたったら，その時点で保護者の気持ちは離れていくでしょう。教師のすべきことは，「保護者をどのように説得するか？」ではなく，「子どもをどうしたら良くすることができるのか？」を考えることです。子どもを良くしようとしている教師を悪く思う保護者は少ないはずですし，その教師につられて保護者から「私にできることがあれば言ってください…」といった言葉を引き出すことができれば，それが障害受容の第一歩となると思います。

　専門機関を紹介して専門的な教育相談を開始するのは，保護者が「自分の子どものために何かできることはないか？」と思ったときです。保護者にそのような行動を起こさせるためには，教師の側も「これまでのやり方ではうまくいかない」と思い，「この子の様子から私たちも学びたい」という気持ちを保護者に示していくことが何よりも大切です。

3　障害受容のプロセス

　ときどき職員室で「あの保護者はまだ子どもの障害が受容できていない」といった発言をする先生がいますが，これは川の対岸から傍観者的に眺めた言い方で，障害のある子どもをもつ親の側に立った言い方ではないと思います。
　保護者は「障害のある子どもの親」である前に，「一人の子どもの親」です。親というものは，子どもに対してはさまざまな期待や将来の夢を抱きながら子育てをしているものです。発達が遅れていて，同年齢の子どもに比べるといろいろなことができないでいる子どもに対して，「うちの子どももいつか他の子どもと同じようにできるはず」という「期待」をもつことはむしろ普通の気持ちです。ときには，そうした「期待」を無理に実現しようとして，知的障害のある子どもに難しすぎるドリルをさせていたりすることもありますが，そうした保護者は「アプローチの不適切さ」はあるかもしれませんが，「子どもの成長を願う気持ち」自体は尊いものだと考えるべきでしょう。こうした親の底のない深い愛情や何物にも代えられない献身的な関わりが，ときに子どもを専門家の想像以上に成長させるのです。
　これまで，保護者の障害受容には「段階」があると言われてきました。そこでは，「衝撃」⇒「否認」⇒「怒り・悲しみ」⇒「適応」⇒「受容（価値観の変化）」といったプロセスが示されています。しかし，保護者の障害受容は一方向的に進展するのではなく，常に揺れ動いているものです。
　たとえば，就学時健診で障害がありそうだと告げられたけれども，子どもを普通学級に入学させた親がいたとします。小学校3年生のときに，子どもの能力的な限界を察し，特別支援学級に措置替えをしました。学校の教師は「あの親御さんも子どもの障害のことについてやっとわかってくれた」と思っていた矢先に，「特別支援学級でうちの子，ちゃんと成長したら高校は入試でどこかに入れますか？」という質問が保護者から出されたとします。これは，特別支援学級に措置替えを決めたときには「適応」「受容」の気持ちでいたが，保護者の盲目的な期待や将来の夢は子どもの成長とともに変化していき，そのたびに「うちの子も他の子どもと同じようにできるのでは？」という気持ちが再び出てきているのだと考えます。
　私たちは，こうした「揺れる保護者の気持ち」を対岸から見るようにして「障害受容ができていない」と言うのではなく，時間をかけて子どもと家族の将来について，時には夢も含めて一緒に語り合うことが必要だと考えます。

保護者に寄り添う教育相談の進め方

1. 幼稚園という時期

　幼稚園で「子どもに障害があるかもしれない」といった可能性を指摘されることは，保護者にとっては「予想外」なできごとであることのほうが多いと考えられます。それは，幼稚園はあくまでも「子どもを毎日通わせているところ」であり，また「子どもが普通に遊ぶところ」であるので，幼児を育てる保護者にとって自分の子どもは「他の子どもと同じ」と見ることが通常の見方であるからです。

　そうした中で，普通に幼稚園に参観しにきたその日に自分だけが残されて，障害の可能性や医療機関の受診などを勧められることは心外なことです。なぜそんなことを言われなければならないのだというように，ある種の「怒り」を覚えるのは当然なことかもしれません。

2. 医療機関の受診を勧めたいときはじっくり丁寧に

　こうした保護者に「障害」の可能性を指摘し，「受診」を勧めるのですから，焦らず，次のようなステップをふんで対応することが必要です。

> - 1回目は，自由な雑談から「気になることはありますか?」と問いかける。
> - 2回目は，特別に時間を設定して「幼稚園でどんなことができるか，家庭でどんなことができるか」話し合う。
> - 3回目は，「前回話したことでうまくいったこと，いかなかったこと」「幼稚園以外でどんなところが役に立つか」について情報提供する。
> - 4回目で「幼稚園がアドバイスをもらうためにも医療機関に行かれてみては?」と提案する。

　ここでのポイントは時間をかけて「丁寧に」ということです。保護者が憤るのは，言われたくないことを言われ，なおかつその後のフォローを明確に示してもらえないときです。これは，保護者が背負う問題を増やすだけになってしまいます。「お母さんが一人で背負っているたくさんの荷物を，幼稚園もひとつ持たせてくださいね」という考えで保護者に話しかけましょう。

Chapter 5 保護者との教育相談を成功させるには

4 「同じ方向」を向いて話し合うには？

使わない方がよい「言葉」	⇒	左の「言葉」に代わる言い方
子どもの障害		
特殊・特異		
他の子どもと比べると		

1.「禁句」を早い段階で察知する

　発達障害が疑われるケースで保護者と面接をするときには，保護者との話しの中で使用しない方が良い「禁句」が存在する場合があるということを知っておくことが重要です。特に自分の子どもの困難を直視できる保護者ほど，「言葉」に神経質になっていることがあります。

　たとえば，「障害」という言葉を用いて話しができるようになるには，保護者の理解がかなり進んだ段階だと考えられます。「障害」というと，「子どもがいつまでもその状態にとどまってしまう」というイメージをもつ保護者が多く，「うちの子どもは少しずつ伸びているから，障害児ではない」と保護者は思い込みたくなるのです（実際のところ，障害児も少しずつ成長しますので，この保護者の気持ちは一種の「思い込み」です）。

　教育相談の場面では，受け入れられない「言葉」が連発されると，話の内容よりも「受け入れられなかった言葉」のほうに鮮烈な印象をもってしまいます。保護者が「うちの子どもは障害児ではないと思うのですが，少し遅れているんです」などという話をしているようなケースでは，「障害」という言葉を使って相談を進めることは適切ではないでしょう。

　保護者の中には，教育相談担当者に自分の今の気持ちを明確に伝える人ばかりではありません。本当は「障害」ではなく，「少し遅れているだけ」と思っていても，教育相談担当者に話を合わせて聞いている人もいます。そうした保護者には，つい「禁句」を使ってしまうことがあります。こうした事態にならないようにするためには，相手の表情やうなずき方など，保護者の応答を丁寧に観察して「使ってほしくない言葉」を早い段階で察知するようにしなければ

156

なりません。保護者が気持ちよく話ができる「言葉」を見つけ出していくことも教育相談担当者に求められる専門性の一つです。

2. さまざまな「言い回し」を駆使する

「障害」という言葉を使わなくても，子どもの状態は表現できます。多くの保護者があまり好まない言葉として，「障害」「特殊・特異」「他の子どもと比べると…」などが挙げられます。これらの言葉を使わずに，他に少しでも受け入れられる言葉があれば，そちらを使うほうがよいでしょう。筆者は保護者との面談で「障害」などの言葉を使わずに，以下のような表現を用いて相談を進めていることが多いです。

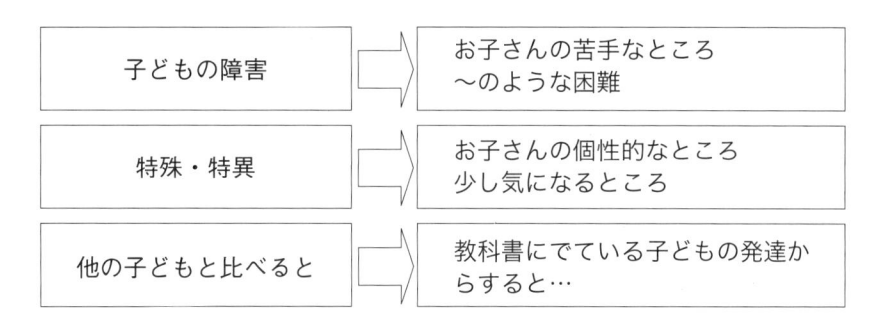

子どもの障害	お子さんの苦手なところ 〜のような困難
特殊・特異	お子さんの個性的なところ 少し気になるところ
他の子どもと比べると	教科書にでている子どもの発達からすると…

教育相談をすすめるときには，保護者が許容できる言葉は何かを想像することが大切です。教育相談で使用する言葉は無限にあります。その一つひとつを気にしていたのでは，スムーズに相談を進めていけません。「差異」が強調されるような言葉（たとえば，「特異な行動」など）を好んでいないとか，「比較される」ことをあまり好んでいないなど，保護者の傾向をつかみ，関連する言葉を使うときには細心の注意を払うことが保護者に気持ちよく教育相談を受けてもらうための，専門家としての配慮だと考えます。

「専門機関の受診を勧めるときのひと言」の例

親が「自分が責められている」と感じないように言うには…？
→「私たちの対応がまだ不十分なので」という言葉をはさみながら話す。

「うちの子どもはおかしいの？」という気持ちをもたせないように言うには…？
→「誰にでも得意・不得意はあるものですが」という言葉をはさみながら話す。

5　価値判断をいったん留保する

どんな「ひと言」を続けますか?

下のような言葉を保護者に言われたら,どのような「ひと言」を返しますか? 空欄に「返答例」を書いてください。

●知的な面で遅れを示す子どもの保護者との面談で
「私が厳しく育てなかったから,集中して勉強できない子どもに育ってしまいました。」

> 教師のひと言

●教師が子どものことで家庭訪問した時の保護者の言葉
「この子,私が口うるさく言うものだから,わざと散らかしたりして私を困らせようとしているのだと思います。」

> 教師のひと言

1. 一問一式答式の会話でなくて良い

　学校の先生は子どもから質問を受けると,「それはね…」と言ってできる限り明確な答えを伝えることを仕事にしています。そのため,問いかけられるとつい自分の考えを述べてしまう習性があります。こうした教師に染み付いた習性が,時に保護者との間に溝をつくることがあります。
　たとえば,教育相談の場面で「私が厳しく育てなかったから,集中して勉強できない子どもに育ってしまいました」という保護者に対して,

×「そんなことありませんよ。」

と返してしまう先生も多いのではないかと思います。教育相談の原則に立ち返ると,教育相談担当者である教師は相談相手に対して「意見」を述べるためにいるのではなく,相手に気持ちよく話をしてもらうことを心がけなければなりません。そのように考えると,「そんなことありませんよ」という教師の返答はその後の保護者の話の展開を多少,制限してしまうものであると言えるかもしれません。

「私を困らせようとして…やっている」という保護者に対しても，

　　　　　×「困らせようと思ってやっているわけではありませんよ」

という返答は，教師が保護者の話をある一方向に導いているものであると考えられます。これらは，保護者の一言に対して，その場で教師自身の見解を回答しなければならないという意識が影響していると考えます。

　教育相談においては，「教師は自分の価値判断をいったん留保して話す」ということを常に心にとどめておきながら，話を進めていくことが大切です。

2.「結論」を出すのではなく，「話をつなげる」

　外部のカウンセラーが一度きりの相談を引き受けたのであれば話は別ですが，一般的に教師が行う教育相談は保護者と何回か継続して話をすることができるものです。教育相談が成功したかどうかは，何回か行われる教育相談全体を見て判断すべきものですので，相談されたことがその日のうちに解決しなくても良いものです。

　教育相談において大切なことは，教育相談担当者が理論的に「結論」を出すのではなく，保護者の話をつないで，保護者が自らどのようにすべきかを頭の中で整理するお手伝いをすることです。「私が厳しく育てなかったから…」と口にする保護者に対しても，

　　　　　「お子さん，かわいいですからね」

と，相槌を打つかのようにさらっと返答するほうがその後の話は展開していきます。また，「私を困らせようとして…」という保護者には，

　　　　　「お子さんは，どんなふうに散らかすのですか？」

と，家庭の様子を克明にイメージできるように，続けて話をしてもらえるような返答が有効です。「わざとやっている」と言う保護者の気持ちの奥には，口に出してはいけないとわかっていながらも「子どもが憎い」という気持ちがあるのかもしれません。こうした保護者に対して，教師は「親なのだから子どもの面倒を見るのは当然」という正論を振りかざしても問題は何も解決しません。「子どもが憎い」と心の奥底で思う保護者が，自分の胸の内にあるイライラやストレスを吐き出したとき，はじめて建設的な話し合いができるのです。

File 14

「学校の思い」と「保護者の思い」

小学生　落ち着きのなさ　発達検査　保護者面談

　　N児は小学校1年生。学習の遅れはさほど目立たないものの落ち着きがなく，3学期に入っても授業中の離席や私語が多い。話を聞いていなかったり，よく見ていないことで見通しがもてず，友達とトラブルを起こすこともしばしばである。N児の行動が原因で，学級全体が落ち着かない状況になることも多く，管理職は補助教員の加配を教育委員会に申請するために，担任に対して保護者に教育センターで発達検査をする許可をもらうように指示した。
　　担任は「N児に補助員をつけたいので，発達検査をさせてください」と保護者に申し出たところ「うちの子はそんなに大きな問題があるのですか？」「家で私にできることがあればやりますから…」と言い，特別扱いを受けることを極度に恐れる態度を示した。そうした保護者の様子を見た担任がN児の気になる日常の様子を伝えると，「私が厳しく育てなかったから，集中して勉強できない子どもに育ってしまいました」と自分を責めるように下を向いて黙り込んでしまった。母親が傷ついたことを察した担任は，それ以上話を進められなかった。担任はまだ経験が浅く，N児が発達の過程で落ち着きがないのか，障害の疑いがあるのかは迷っている段階であったが，管理職が進めてくれている補助員の要請をするには，保護者からの合意が必要であり，この話をどのように進めていけば良いのかわからなくなっていた。

相談場面

● 学級担任から特別支援教育コーディネーターへ。
● N児の行動特徴とその課題を保護者にどのように伝えたら理解してもらえるのかを相談したい。

File 14 「学校の思い」と「保護者の思い」

1 保護者と教師の立場の違いを意識する
- 保護者は「我が子」を見る人。教師は「クラスの子」を見ている人。
- 立場が違うことから保護者は主観的に，教師は客観的になりやすい。
- 「ずれ」の解決には，両者の立場の違いを冷静に見つめることが大切です。

担任と保護者の「思い」の違いは？

	担任の「思い」	保護者の「思い」
子どもの普段の様子		
発達検査をすること		

特別支援教育コーディネーターの動き

	保護者への支援	担任への支援	管理職との連携
支援の原則			
具体的な対応			

不安が強い保護者へのひと言

「うちの子そんなに大きな問題があるのですか？」と驚いている保護者にどのように声をかけますか？

「私が厳しく育てなかったから…」の発言のあとにどのように返答しますか？

（「不安が強い保護者へのひと言」の例は167ページを参照）

Chapter 5　保護者との教育相談を成功させるには

2　ケースを見つめる教師の「眼」

1.「板ばさみ」の中での教育相談

　このケースは，本来ならば学級担任が「保護者」と「学校（管理職）」の間に入り，「調整」する役割を負っていたと考えられます。しかし，学級担任は保護者に「発達検査」の許可を得るときに，こうした「調整役」を担っているという意識があまりなく，いわば「学校（管理職）」の「思い」を伝達する役割に変わってしまっていたのではないかと思います。そのため，学級担任は「子どもの学校や学級での困難」を赤裸々に保護者に伝え，「発達検査」をしてより個別的に子どもを見ていくことをストレートに伝えることが目的になってしまったのだと思われます。

　しかし，保護者は学校での様子を毎日見ているわけではなく，家庭でそれほど困っているわけでなければ，子どもの状況をストレートに伝えてくる学級担任や学校側の切迫感についていくことができず，「それほど大きな問題なのですか？」と問い返したのだと思います。

　こうした「やりとり」から見えてくる教訓としては，教育相談担当者は「学校側の意向を伝える代弁者ではない」という意識で面談に臨むべきだというこ

担任と保護者の「思い」の違いは？		担任の「思い」	保護者の「思い」
	子どもの普段の様子	このままだと，学級全体が落ち着かない。何らかの対応が必要。	「それほど大きな問題ではない」と思いたい。
	発達検査をすること	補助教員の加配のために管理職から指示された（担任は特に必要なわけではない）。	「きっと私が責められる結果になる」「特別な対応をするのはやめてほしい」

特別支援教育コーディネーターの動き

	保護者への支援	担任への支援	管理職との連携
支援の原則	●「保護者のせい」ではないことを伝える ●できる限りのことは学校で行うことを伝える	N児に対する具体的な対応とN児を含めた学級づくりの方法を話し合い，学級でより良い対応ができるようにする	学級担任だけの問題にするのではなく，学校全体で支援する体制をつくるためのリーダーシップの発揮
具体的な対応	●「子どもの伸び」をこまめに，具体的に伝える ●保護者の努力があって子どもが伸びていることを言う	●N児の落ち着きのなさの原因等について理解する ●学級経営の具体的なノウハウを伝え，実践してもらう	●学校の方針を立てる補助をする（職員会議で管理職から伝えてもらう） ●関係機関との連携の窓口を決める

とです。管理職の意向を受けて，今後の学級づくりや支援員の加配を計画していくことはいけないことではありませんが，教育相談では保護者に必要な情報を選んで伝えることも大切なことです。

2. 教育相談担当者に求められる「調整力」と「企画力」

「保護者に必要な情報を選んで伝える」というと，教育相談の中であたかも情報操作をしているように聞こえるかもしれません。しかし，これはそうした悪い意味ではなく，相談を円滑に進めていくためのステップを考えて応対するという意味です。

管理職の言うとおりに伝達だけするのであれば，何も教育相談を設定する必要はありません。管理職と保護者の間に入って「うそ」をついてはいけませんが，「N児に補助員を付けたいから，発達検査をさせてください」と話をするのは直接的すぎます。管理職の意向を汲んで「発達検査の許可をもらう」ために動くけれども，管理職には「発達検査が必要な理由は私のほうで考えさせてください」と言って，「そのまま伝えない」ことの了解を管理職に得ておくことは十分に可能であったと思われます。

教育相談担当者や特別支援教育コーディネーターは，学校と保護者の間でこうした「仲介」をする専門家となるべきです。筆者はこうした能力を「調整力」と呼んでいます。「調整力」を発揮するには，双方の立場が崩れないようにしながら，相談や対応を一歩先に進めていくにはどうしたらよいかを考える力が必要です。これには，陳腐な言い方をすれば，「相手の立場や思いを想像する力」がものを言うのだと思います。

また，「調整」がうまくいくかどうかについては，学校と保護者の間で生じる（生じた）「摩擦」や「溝」を小さくするための「企画力」が必要になります。発達検査をするときに，保護者が検査をしてくれる機関まで子どもを連れて行ってくれそうになければ，検査の許可だけ保護者にもらって，検査を学校で行うというのも「企画力」のひとつです。

教育相談においては，「ベスト」な選択や決定ができる場面ばかりではありません。「本当はこうしたいのだけれども，今回はこのあたりまでかな…」というように，常に「妥協」が伴うものです。学校と保護者の間で「板ばさみ」になりながらも，最善の策を考えてもうまくいかず「妥協」を繰り返しながら，より子どものためになる方策を考え，「ベター」な選択・決定をしていく力が教育相談担当者には求められます。

3 学校の「姿勢」を見せること

1. 保護者の「思い」を汲み取る

　特別支援教育コーディネーターが「保護者の思い」と「学校側の思い」の間で調整する難しい役回りとなることが多いのはどうしてでしょうか。それは、今回のケースのように、発達検査の許可をもらうという比較的早急に結論を得なければならない状況と、保護者の「準備」が整っていないという状況との間で板挟みにあうことが多いからです。N児の保護者が「うちの子はそんなに大きな問題があるのですか？」と激しく反論したのは、「いきなりそんなことを言わないで」という無意識的な反応だったのかもしれません。

　こうした「準備」が整っていない保護者には、授業参観などいろいろな教育活動を見てもらい、時間をかけて子どもの状態を理解してもらうのが一番です。しかし、時間をかけて保護者の「準備性」を高めていく間に、学級づくりに失敗し、1年中落ち着きのない雰囲気になってしまったのでは、学級全体にとってあまり良いことではありません。こうした理由から、加配教員を申請できるのであれば、早いほうが良いのは明白です。

　こうした中で「保護者の思い」と「学校側の思い」にずれが生じるのです。いわば「熟成期間がほしい保護者」と「即時的対応をしたい学校」との間の「ずれ」です。ゆっくり考えたいのに、急いで結論をださなければならないように要求されたとしたらどんな気持ちになりますか？　おそらく、相手の人に対して不信感を抱き、不安になるでしょう。「保護者」と「学校」の間に入った教育相談担当者は、学校側の考えている結論がおそらく子どもにとって最善のものであると思っていたとしても、その結論にいきなりもっていこうとするのではなく、「不信感」と「不安」を抱かせないような話の進め方を考えていかなければなりません。

　保護者に「不信感」と「不安」を抱かせないようにするためには、教育相談担当者は「保護者の了解」を得ようとする前に、「学校側の姿勢」をしっかり伝えることが必要です。具体的には、以下のような姿勢を言葉と態度で保護者に伝えることです。

　　「保護者が悪いわけでは決してない」
　　「学校ができる限りのことをする」

　これに加えて、保護者に対して「発達検査」をすることの意義について説明しなければなりません。そもそも、「発達検査」とは「①標準的な位置からどのくらい離れているのか＝客観的状態を調べるもの」ですが、そのほかに「②

子どもの得意・不得意を調べること」ができます。特別な支援を提供する必要があるかどうかを知るための指標として，①の意味で発達検査を用いることがありますが，それだけでは「子どもの逸脱」を客観化するだけのものとなってしまい，保護者にとっては了承しがたいものとなるでしょう。

　保護者に発達検査を進める際には，②の「子どもの得意・不得意」を知ることで，「子どもに対する関わり方や学習支援を工夫していきたい」ということを伝えることが肝心です。もちろん，保護者にこのように話をする以上，学校では発達検査をして終わりではなく，その後，特別支援教育コーディネーターを中心に支援対象児の「個別の指導計画」を作成するなど，学校・学級での取り組みが必要となります。

2. 学級担任と管理職への働きかけ

　今回のようなケースでもっとも懸念することは，「N児の支援者を付ければ問題は解決する」という発想で，教育委員会に加配教員の申請を行おうとしていて，「保護者に発達検査」の了解を得ようとしていなかったか？　ということです。果たして加配教員をN児に付けたら問題がすべて解消するのでしょうか。

　まず，N児が学級で落ち着かなくなっているのがたとえ「発達障害」によるものであったとしても，学級の雰囲気からまったく影響を受けていないということはありえません。もちろん，N児の情緒面での不安定さが学級の雰囲気に与える影響も大きいと言えますので，そうしたことを踏まえて，学級担任はN児を含めた「学級づくり」について再検討することが必要となります。これには，N児の特性をしっかりと把握し，たとえば「N児が落ち着いて学習できる授業の進め方」などを研修しながら，それを学級で実践することが必要です。

　併せて，管理職への働きかけも必要です。今回のケースでは，管理職は「N児のいる学級が落ち着いていない」という認識はありますが，それを学校全体でサポートしようとする積極的な姿勢までは見て取れません。校内の教師が試みに学級支援に入り，「一度，学級でこんな支援をしてみたらうまくいった」という「実績」をつくってから加配教員を申請するのがベストでしょう。

　特別支援教育コーディネーターは，学校長をはじめ管理職と連携し，学校の特別支援教育の方針づくりを進めていくことが役割のひとつです。学校の方針を全校職員にしっかり周知すれば，それは子どもたちに伝わり，いずれは保護者にも伝わります。そうした学校の雰囲気づくりも広く捉えれば，教育相談の一環であるかもしれません。そうした努力が保護者と教師・学校の「ずれ」を最小限にすることができ，教育相談を成功させることにつながるのだと思います。

4 「共感的理解」と「フィードバック」

1. いろいろな応答の仕方を身に付ける

　教育相談では，保護者の話を聞きながら「共感的に理解すること」が重要であるとよく言われます。これは，保護者が気持ちよく話しをするために，相手の気持ちになって話しを聞き，適切に反応することを意味しています。しかし，「そうですね」「わかります」という言葉を返しているだけでは，話しが広がってきません。そこで，相手に問いかけたり，自分の経験に引きつけて，「同じ気持ちです」ということを伝えていくことが必要です。

　たとえば，保護者が教えてきたことがやっとできるようになったときの話しをしていたときに，「それは嬉しかったですよね」と返すこともあれば，「そのときはどんな気持ちでしたか？」と問い返してみたり，「私だったら陰で泣いているかもしれません」など，保護者の話に対してさまざまな応答が考えられます。ときには，ある場面を振り返って，「あのとき，こんなふうに応答すれば良かった」などというように，自分の応答をふり返ることも大切です。

2. 違う言い方で「フィードバック」する

　保護者が気持ちよく話しを続けていくための適切な応答に欠かせない教育相談の原則には，「共感的理解」とともに「フィードバック」というものがあります。「フィードバック」とは，相手の言った内容を反復して応答することを言いますが，教育相談で「フィードバック」を上手に行う人は，相手の言った言葉を単に「繰り返す」のではなく，違う言い方に置き換えて相手に返すことを心がけています。たとえば，「うちの子，勉強ばかりしないで困っているんです」と言われたときに，「勉強しないんですか…」とフィードバックするよりも，「遊んでばかりいるんですか？」と返したほうが「そうなんですよ！」と話しがはずむことでしょう。

　もちろん，違う言い方に置き換えて相手に返答するときには，相手の真意をしっかりつかんでいなければなりません。意味が多少ずれた返答を繰り返すフィードバックでは，保護者は「いや，そういうことではなくて…」という気持ちになってしまいます。こうした「ずれ」が繰り返されると相談相手に対する信用を失いかねません。相手の真意をつかみ，自分の言葉に置き換えてフィードバックできるようにトレーニングを積むことが大切です。

File 14 「学校の思い」と「保護者の思い」

保護者に寄り添う教育相談の進め方

1. 母親を傷つけた原因は教師にもあると考えること

　N児のケースのように「私が厳しく育てなかったから」と自分を責める保護者は多いものです。ここで簡単に「お母様のせいではないですよ」と否定するのも実はあまりよくありません。それは，母親にもそれなりの根拠があって罪悪感をもっているからです。教育相談の場面では，誰のせいであるかではなく，どんな気持ちでいるのかを話すところからはじめることが大切です。

　多くの相談場面において，落ち着きのない子どもを育てる過程で，他の保護者や身内から「母親が悪いのでは」と言われた，あるいは言われているような気がするというエピソードが語られています。こうした話を保護者がしてきたときにも，「お母様が悪いわけではない」といった「話の否定」をするのではなく，「そういう風に言われたりすると，本当に辛いですよね」と返し，「私から検査を勧めた時も，責められたような感じがしたかもしれませんね」と母親を傷つけた原因は自分にもあるという気持ちで語りかけていくことが大切です。

2. 線の記憶になるように

　教師としては早く何か結果を出したいと思いがちですが，N児の保護者はこれまで6年間悩んできていて，そしてこれから何十年も悩み続けます。こうした「罪悪感」のような気持ちは完全に無くなるということはないのかもしれません。保護者が振り返った時に，「あの日は辛かった」という点の記憶ではなく，「あの1年間はよかった」という線の記憶として残るように援助していく姿勢が求められます。つまり，教育相談を受けた保護者が，続けて「他者の援助を受けよう」という気持ちをもてるよう，時間をかけた「関わり」が欲しいところです。

「専門機関の受診を勧めるときのひと言」の例

「うちの子そんなに大きな問題があるのですか？」と驚いている保護者にひと言。
→「すみません。私の表現が少し足りなかったかもしれません」（と軌道修正する）
「私が厳しく育てなかったから…」の発言のあとにどのように返答しますか？
→「子育てって難しいですよね」と共感する。

Chapter 5 保護者との教育相談を成功させるには

5 教師自身がもつ「前提」

どんな「ひと言」を続けますか？

できるだけ丁寧な応答を考えて，空欄に返答例を書いてください。

●学校で保護者が担任に相談をもちかける場面
「先生，お忙しいところすみませんが，うちの子の勉強の方法についてお尋ねしたいことがあるのですが，お時間を取ってくださいませんでしょうか？」

> 教師の返答

●製品情報について電話で問い合わせる場面
「この前，購入した〇〇の製品について，お尋ねしたいことがあってお電話したのですが。」

> お客様担当者の返答

1. 「お役人」的な応対を知らずにしている…？

　「教師」という立場が教育相談のスタートの段階でマイナスに作用していることがあることをお話しましょう。教育相談というのは，相談をしに来た人が自分の気持ちを素直に伝えて初めて成功するということは言うまでもないことです。しかし，保護者が教師に対して相談を依頼するときは，保護者が申し訳なさそうにしていることが多いのではないでしょうか。
　上に記した「学校で保護者が担任に相談を持ちかける場面」で一般的に教師はどのように返答するでしょうか？　とても丁寧に応対する教師であっても，

　　　　　　　　「ええ，いいですよ」

という返答になるのではないかと思います。しかし，この言い方では，「本当はそういうことはしなくてもよいのだけど，特別に時間を取りますよ」ということを保護者に伝えているようなものです。
　保護者から相談の申し込みがあったときは，教育相談がすでに開始されているという意識をもつことが大切です。ここでの教師の返答の仕方しだいで，初

期の「信頼関係」が決まるとも言えます。もしかしたら、最初の応答で保護者は無意識的に「この先生にはここまで話をしよう」と決めてしまうかもしれません。そうした意味で、相談を持ちかけられたときの返答にも気を遣う必要があります。

「もちろんですよ。いつにしましょうか？」

などというように、保護者が教師の時間を取って申し訳ないと思わせないような返答をすることを心がけることが大切です。

2. 保護者からの「相談」は絶好の情報収集の機会

企業でクレーム処理を担当している「お客様相談室」の職員は、「クレーム」が企業を改善していくという意識で対応しています。そのため、前ページの「製品情報について電話で問い合わせる場面」では、「お客様相談室」の職員は必ず、

「お問い合わせ、ありがとうございます」

という返答をします。企業にとってみれば、お客さんが「電話で問い合わせなければわからないような製品」を売っていたことに対する非があると考えているのでしょう。また、製品に関する苦情というのは、製品を今後、改良していくヒントをもらうことにもなると考えています。

通常、企業は製品の良し悪しを消費者から意見してもらうために、モニターを雇い、企業がお金を払って情報を集めます。ところが、お客様からのクレームというのは相手が電話代を払って伝えてくれるわけですから、企業にとってはその情報をありがたくいただかない手はない、というわけです。

こうした企業の論理をそのまま教育相談にあてはめることは適切ではないかもしれませんが、保護者から相談を持ちかけられるということは、子どもへの指導を見つめなおす良い機会だと考えることはできるのではないかと考えます。本来ならば、教師の側から「どんな様子ですか？」と声をかけなければならないところを、保護者のほうから「話がしたい」と申し出てきてくれたのですから、「声をかけてくれて、ありがとうございます」という気持ちをもって応対するべきでしょう。保護者にその気持ちを間接的に伝える意味でも、教師の側から「いつにしましょうか？」と積極的に話を進めようとする態度を示すことが保護者との信頼関係を強める応対だと考えます。

File 15

子どもに厳しく迫る親

中学生　落ち着きがない　通院　養育態度　虐待

　O児は中学1年生の女子。兄と姉がいる3人兄弟の末っ子である。小学校の頃から「落ち着きがない」のが目立ち、いきなり手を挙げて授業と関係のない話しを始めたり、授業の途中から教室を出て行ってしまうようなときもあった。中学生であるにもかかわらず、女の先生にベタベタとくっついてきたり、また、はしゃいでふざけていたかと思ったら、突然沈み込むといった気持ちの浮き沈みが激しい子どもであった。家庭で親から「勉強しなさい」とかなり強く言われていることが多いからか、アトピー性皮膚炎が悪化し、頻繁に通院していた。

　生活面でも、忘れ物が多く、洗濯をしていないと思われる服をきてきたり、給食費などの提出物が滞る傾向のある家庭であった。こうした現状をみかねた担任が生徒指導主任とともに家庭訪問を行ったところ、失業中の父親は不在であったが、母親が玄関先で対応してくれた。母は「兄弟はしっかりしているんですが、O子はぜんぜん素直な子じゃなくで、小さいときから困っています。家では言ってわからないときは、叩いて教えています。虐待じゃないですよ。これが我が家の教育方針です」と言っていた。

　O児が小学校3年生のときに近所の人から虐待通告があり、児童相談所もこのケースについては認識していた。家庭訪問の様子などからも、虐待が疑われる事例であると判断し、こうした保護者に対する対応方法を校内で話し合うことにした。

相談場面

● 学級担任と生徒指導主任が家庭訪問のあと、校内で事例検討会を開いた。
● 保護者との対応の原則と具体的に注意することは何かを話し合うことにした。

File 15　子どもに厳しく迫る親

1　ストレスの奥に潜む「感情」
- ●「ストレス」のかかっている大人は，発言や態度の裏に本当に言いたいことを抑えながら生活しています。
- ●保護者の「本音」を想像しながら対応方法を考えましょう。

育児ストレス因子	ストレス因子に対する保護者の本音

効果が期待できそうな働きかけ		むしろ逆効果と思われる働きかけ
	学校の様子を伝えるとき	
	必要な物を持たせてほしいとき	
	給食費等の徴収をするとき	

極端な意見を言う保護者にひと言

「叩いて教えるのは我が家の教育方針です」という保護者の言葉にひと言。

（「極端な意見を言う保護者にひと言」の例は177ページ参照）

2 ケースを見つめる教師の「眼」

1.「保護者」への対応の原則

　保護者の養育能力が過度に低いとか，その逆に子どもに厳しすぎて子どもが精神的に苦痛を感じているといったケースに対しては，学校・教師から「適切な子どもへの関わり方」を教えていくことが求められます。しかし，「子どもへの指導」と「保護者への指導」はその方法を大きく変えていかなければなりません。それは，保護者が子どもよりも長く生きてきた「過去」があることと大きく関係しています。すなわち，保護者には「教師からの指導」を素直に受け止められない「阻害要因」が子どもよりも多く存在することを教師は意識しなければなりません。

　特に虐待の疑いがある保護者は，社会的状況（たとえば，経済的困窮など）や心理的状況（幼少期に自ら虐待を受けたなど）があまりよい状態ではないことが多く，教師からの保護者に対するアプローチ（特に，「家庭でも○○をしてくださいね」という学校・教師からの要請）が保護者の「ストレス」を増大させてしまうことがあります。もともと，ストレスのコントロールが自らでき

育児ストレス因子	ストレス因子に対する保護者の本音
子どもに落ち着きがなく，通院などでも手がかかる	「私だって大変なんだから，あまり手を煩わせないで」「私だってもっと自由な時間がほしい」
学校から子どものことでいろいろ言われる	「この子がいろいろ問題を起こすのは私のせいではない」「学校の問題は学校で片づけて。給料もらっているんだから」
経済的に苦しいのに，夫は働いてくれない	「夫のような人間にしてはいけないから厳しくしつけなきゃ」「子どもを叩いているときに，スッとするときがあるんです」

効果が期待できそうな働きかけ		むしろ逆効果と思われる働きかけ
学校の様子を伝えた上で，「～したら解決しました」と伝える。	学校の様子を伝えるとき	家庭での指導をお願いする。例：「家でもよく言っておいて下さい」
持たせる物を紙に書いて，「お子さんにチェックさせてください」。	必要な物を持たせてほしいとき	「お母さんも子どもの持ち物を確認してください」と責任をもたせる。
●叩かないでも子どもはわかることを具体的に見せる。●どうしても止まらないときは，児童相談所等を介して警告してもらう。	叩くのをやめさせたいとき	●「叩いても子どものためになりませんから…」と諭すように言う。

ずに，子どもを虐待してしまっている保護者も多いので，教師から保護者への働きかけが，結果的には家庭での虐待を悪化させてしまう結果となることがあるので注意が必要です。

2. 教師が関わり方の「モデル」を示す

日常的な保護者との対応方法としては，保護者に無理なくやってもらえることをお願いし，やってきてくれたときには心からお礼を述べるということを繰り返し行うことです。O児のケースでは，「○○したらうまく解決しましたよ」というようにさりげなく伝えることを挙げました。また，「子どもにこんな対応をしてほしい」ということを保護者に伝えるときには，お説教のように受け取られる「言葉」ではなく，実際に教師や他の保護者の関わり方を見せることや，教師が「お膳立て」をして，家庭で実践してもらうといった対応が「効果がありそうな働きかけ」だと思います。

虐待の疑いのある保護者は「子育ての理想（モデル）」がないために，厳しすぎたり，放任しすぎたりしていることもあります。こうした保護者に対しては，「教師の関わり方」を「モデル」としてまねてもらい，保護者が頑張って実践したことをほめるというような支援を提供することが，親子関係改善の第一歩となるでしょう。

各地で開催されている「子育て支援講座」なるものは，「講座」という名称がついていることもあり，多くの場合，講師をまねいて「お勉強」をしています。こうした「講座」は子育ての原則を学ぶのには適していますが，果たして実効性はどのくらいあるでしょう。しっかりとした子育てをしていても，「これでよいのか？」と不安に思っている保護者に対して，講師を招いた「講座」は「安心」を与えているというのが現実のところで，被虐待児の保護者はこうした「講座」には参加しないことが多いものです（仮に参加しても実践しないか，できないことが多いでしょう）

子育ての方法がよくわからない保護者に対しては，もう少し実践的な「講座」が必要です。親子料理教室を開いて，さりげなく子どもとの関わり方を見せ，真似させるような保護者の「学び」の場を提供することはできないでしょうか。また，（教師がかなりのフォローをしながらも）最終的には親子でひとつのものごとを成し遂げ（料理を作るなど），達成感を味わう（親子で同じものをおいしく食べる）という結果を積み重ねていくようにイベントを企画することなどが有効だと考えます。こうした取り組みを通して，親子がそれぞれ適切な距離をつかみ，日常生活における親子の関係が改善していくように関わることが大切です。

Chapter 5　保護者との教育相談を成功させるには

3　保護者の育児ストレスを理解する

1. 育児ストレスにはどのようなものがあるか？

　学校・教師からのアプローチが逆に虐待を悪化させてしまうといった，「逆説的」な結果とならないようにするにはどうしたらよいでしょうか？　まず，保護者がどのような場面でストレスを感じるのかを，保護者の言動から推察することが必要でしょう。一般的には保護者のストレス因子には，次の三点が挙げられます。

① 　子どもに起因するストレス：例「子どもに手がかかる」
　子どもに起因するストレスでもっとも多いのが，「養育が難しい」ということです。知的障害を伴わない発達障害児が虐待されるリスクが高いのはこの理由からです（File 11 参照）。虐待をしている親の育児ストレスが高まるのは「子どもに手がかかると，自分の時間が奪われる」という（いわば身勝手な）理由であることも多いのが特徴です。O児のケースでいうと，アトピー性皮膚炎が悪化したのは家庭での養育不足が原因である可能性も否定できないのですが，保護者にとっては「通院のために時間がかかる」ので「こんな子，いないほうがよい」という気持ちを心の奥底でもっている可能性があります。

② 　学校に起因するストレス：例「学校からあれしろ，これしろと言われる」
　学校に起因するストレスとしては，学校から育児に対していろいろと言われることがもっとも多いと思われます。特に，保護者を学校に呼んで「家庭でも〜してください」と教師から説教されるようなときには保護者のストレスは高まります。これは，①でも指摘したような「子どものために自分の時間が削られる」ということからくるストレスも考えられますが，加えて「自分の子どもの頃の学校に対する嫌な過去を思い出す」といった理由も考えられます。

③ 　社会・経済的状況に起因するストレス：例「夫が働かないから，家計が切迫している」
　子どもへの虐待は家庭生活そのもののイライラが原因となることも多くあります。中でも，経済的に切迫している場合には親のストレスは高まります。生活保護などの福祉制度が利用できるようになると，多少の改善が見られるケースもあります。ただし，「一定の収入があるのに夫婦でパチンコに費やしてしまう」など家計の管理に問題があるケースも多いのが現状です。こうしたケースでは，当然，福祉制度は利用できずに，子どもにお金をかけることができな

いばかりか，自分たちの生活も充足できなくなることが多く，ストレスがたまります。

こうしたストレスのほかに，過去の経験・体験に起因するストレスもあります。これは，幼少期に保護者自身が虐待を受けていて，子どもの泣き声を聞くと過去の嫌な思い出がフラッシュバックしてきてしまい，その嫌な思いを振り払うかのように子どもを虐待してしまうといった「病理的」な状態が存在することもあるようです。いずれにしても，虐待の疑いのある保護者に対しては，保護者のストレス因子を想像し，学校からの働きかけがストレスを高めないように注意しなければなりません。

2. 保護者の「味方」となる教師をつくる

学校は保護者に対してカウンセリングを提供する場所ではありません。そのため，学校・教師としては保護者のストレスとなる働きかけをどうしてもしなければならないときが生じます。たとえば，「給食費を払ってください」など，提出物の督促をするのは学校として通常の業務です。相手が虐待の疑いのある保護者だからといって，「督促しなくてもよい」とはならないでしょう。

また，学校は子どもを集団で教育している場所です。このため，子どもどうしのトラブルについてはたとえ虐待の疑いがある保護者であっても報告しなければならないことがあります。このように，「学校」というところは現実的には保護者のストレス因子を完全に除去することができない場所だと言えます。これが，1対1で臨床活動をしているカウンセリングの場面と決定的に異なる，学校の特徴です。

こうした特徴をもつ学校では，「役割分担」がとても重要なことになります。つまり，①督促や子どもの学校でのトラブルを報告するといったストレスをかけてしまう働きかけを担当する教師と，②保護者の気持ちを聞き，共感的な関係を継続する教師の両方が学校には必要です。こうした正反対の対応は一人の教師が行うわけにはいきませんので，複数の教師がチームを組んで，役割を分担することになります。このとき，①の役割＝「憎まれ役」になる教師は子どもからできるだけ遠い存在の教師（たとえば，管理職など）が担い，②の役割＝「保護者の味方役」は学級担任や養護教諭など子どもに近い存在の教師が担うのが良いでしょう。

Chapter 5　保護者との教育相談を成功させるには

4　「家庭訪問」の意味を考える

1. 子どもの安全確認と保護者支援

　虐待が疑われる保護者にとっては，学校と関わること自体がストレスとなることを述べてきました。そのため，不必要に保護者を学校に呼んだり，家庭訪問をしたりすることは避けなければなりません。

　虐待が疑われる家庭を訪問する一番の理由は子どもの安全確認です。現在の状態が継続して，子どもの成長・発達に悪い影響を及ぼすことがないかどうかを確認するために，家庭を訪れ，保護者と話をすることがもっとも重要なことです。しかし，だからといって，「家の中を見せてください」「お子さんにもっと関わってあげてください」ということを言って帰ってくるだけでは，むしろ逆効果になります。

　家庭訪問をするのであれば，保護者が学校の先生にきてもらえて良かったと思えるような訪問の仕方を考えなければなりません。このとき，子育てに気持ちが向かない保護者なのであれば，子どもの話をしないほうが良い保護者もいることを念頭において対応しなければなりません。

2. 「訪問指導」の機能をもった関係機関を活用する

　学校の先生が家庭を定期的に訪問することには限界があります。ましてや，子どもの話をしないほうが良い保護者であったなら，学校の先生が家庭まで訪問して，保護者と雑談をして帰ることを継続するというのも不自然です。こうしたケースにおいては，保健センターの保健師や福祉課の職員または，家庭児童相談員といった，「訪問指導」が可能な関係機関やそのスタッフと連携を取ることが有効です。

　上手に関係を築いていける保健師や家庭児童相談員は，「訪問指導」という名目で家庭訪問したとしても，いわゆる「指導」を最初から行いません。むしろ，「広報を届けに来ました」とか，「市町村のサービスの情報をもってきました」という形で保護者のメリットになるような働きかけから入ります。そのうち，立ち話の関係から家の中にあがって話をする関係になり，保護者に「〇〇はしましょうね」という「指導」ができるような関係になってきます。

　学校はこうした関係機関のスタッフと情報交換を密にしながら，保護者と対応することが求められます。

保護者に寄り添う教育相談の進め方

1. 親の生い立ちに目を向ける

　虐待をしている親は，自分も虐待を受けて育った人も多くいます。つまり，親の生育歴をひも解いていくと，親個人のパーソナリティ形成の段階でさまざまな困難に直面していたりします。また，現在の家庭環境においても，夫から暴力をふるわれているなどの夫婦関係に問題を抱えていたりする場合も少なくありません。さまざまな可能性を念頭に置き，「虐待をする母親が悪い」といった**悪者探しにならないように**しなければなりません。どんな親でも子どもにとっては大事な親であるということを認識し，最終的には子どもが今よりも幸せになることを共通の目標として教育相談を進めていくことが求められます。

2. 学校の支援方針を立てることが大切

　学校は早い段階で「家族全体を支援するか，子どもだけを支援するか」を選択する必要に迫られるでしょう。もちろん前者が理想的なわけですが，家庭の支援は放課後から夜にかけての仕事となり，大きな負担になるのも事実です。また，家族への支援がうまくいかないと子どもへの虐待が悪化してしまいます。

　学校は，児童相談所に通告すればそれでひと段落と思いがちですが，通告をした当初から「児童相談所は何をやり，学校は何をやるか」という**役割分担の視点**をもって，学校と児童相談所とで話し合いをしておくことが大切です。

　ケースによっては一時保護から児童養護施設措置という経過をたどるケースが出てくるかもしれません。その場合には，学校の具体的な記録（子どものけがの程度や日時など）がとても重要になることがありますので，日々の記録を大切にしてください。

　学校が家族全体を支援する場合は，1カ月位の期間を決めて「食事の状況を改善させる」というような具体的で，明確な目標を立てて対応するとうまくいくことがあります。このときにも，学校全体でチームを組んで家族を支援することが大切です。「家族の指導」ではなく，「家族」のもっている「力」を高めていく（エンパワーメント）という考え方で関わりましょう。

「叩いて教えるのは我が家の教育方針です」という保護者の言葉にひと言。
→「つい手が出てしまうのはどんなときですか？」（「叩いてはいけない」と諭すのではなく，親の特徴を知ることを優先して，家庭内の状況を理解するための質問をする）

Chapter 5 保護者との教育相談を成功させるには

5 「思い」を聞くことから始める

相手の気持ちを汲み取った応答をするにはどうしたらよいか？

〔教室の場面〕
怒り心頭の中，興奮しながら担任教師に話す保護者

> クラスのA君はうちの子どもをまたいじめたようです。あの子がいる限り，うちの子どもは学校に行くのを嫌がります。どうするのですか，このままあの子が不登校にでもなったら。A君をすぐに別のクラスにしてください。

担任教師のあなたは，こうした保護者の話しを聞いて
どのようなひと言を続けますか？

1.「共有できるところ」まで話を広げて「理解」する

　教育相談においては，「保護者の話が理解できません」という結果で終わることは許されません。必ず，どこかで「理解できる」ところを見つけ，保護者の気持ちに「共感する」ことが求められます。上に例示したような，「怒り」を抱えた保護者を理解する場合には，「この人は何を訴えかけているのか？」という観点で話を聞くようにして，「理解」できるところまで話を広げて聞くのがポイントです。

　保護者の話を「事実かどうか」「実現可能かどうか」という現実路線で聞いていると，「友達がいじめたかどうかについてはわかりません」とか，「クラス替えは4月にならないとできません」など，保護者の話を否定的に捉えることしかできなくなってしまいます。しかし，この「怒り」を伴った保護者の話は，教師や学校に向けられたものであるなら，「本当にいじめたかどうか」「本気でクラスを変えてほしいと思っているのか」ということは2番目か3番目に重要なことだと思います。

　最も重要なことは，「怒り」の根底に何があるのかを考えて，「ひとこと」を返すことが大切です。たとえば，

　　　　　　「お母さんをそんな気持ちにさせてすみません」

という言葉を続けることで，保護者の「怒り」はトーンダウンするはずです。

子どもがクラスで孤立していること、そしてそのことについて保護者が怒りを感じていることは、紛れもない事実ですので、まず「そういう気持ちにさせてすみません」と謝ることはできるのではないかと思います。事実を確認したり、争ったりするのは、保護者の怒りがトーンダウンしたあとにするのが賢明です。

2.「怒り」は強大なエネルギー

　この保護者のように開口一番、「どうしてくれるんですか？」とすごい剣幕で怒鳴り込んでくる保護者に対しては、一瞬、腰が引けてしまうのも無理はありません。もちろん、こうした「怒り」をぶつける方法でしか学校や教師と関係を築けないのであれば、それは「課題を抱えた保護者」となるかもしれません。

　しかし、保護者の側から見れば、過去に学校に穏やかに申し出ても聞いてくれなかったとか、その逆に強く出たときには学校は迅速に対応してくれたなど、こうしたぶつけ方しかできない理由がいろいろとあるものです。もちろん、怒りをぶつける関係の築き方を肯定するわけではありません。しかし、実際にこうした保護者がいることは事実なのですから、私たちは「怒り」をぶつけることしか表現方法を知らない保護者への関わり方を考えていかなければならないでしょう。

　「怒り」をぶつけてくる保護者は、現実を何とかしたいと強く願っている保護者であると考えます。方法論に目をつむれば「子どもにたくさんのエネルギーを使っている保護者」ということになります。教育相談においては、「親御さんの教育に対するエネルギーには負けてしまいそうです」というような言い方で「思い」を受け止めることから始め、続いて、「学校もこういうふうに努力するから、保護者のほうでもこうしてもらえますか」と双方が努力する提案をして了解を取っていくように進めていくのが良いでしょう。

　こうした双方の「努力」あるいは双方の「妥協」を受け入れられず、学校や教師を「攻撃」することに一種の快感を思えているような保護者もいます。こうした保護者を世間では、「モンスター・ペアレント」などと言うのかもしれませんが、こうした保護者には、対応窓口を決めるなど、学校全体で対応することが必要になります。ただし、保護者が「モンスター化」する背景には、学校側の対応のまずさが影響していることもありますので、自分たちの姿勢や態度を振り返ることも大切でしょう。

【参考文献】

　この「教育相談ケース・ファイル」では，発達障害・虐待・不登校などさまざまな分野の情報を集録しています。この中には，筆者の専門領域を超えるテーマも多く含まれており，ケース・ファイルを解説するにあたっては，以下の文献を参考にしました。より深く学びたいケースについては，以下の文献をご参照ください。

発達障害児に関する文献
新井英靖（2004）『気になる子どものサポートシステム』中央法規。
小林隆児（2001）『自閉症と行動障害　関係障害臨床からの接近』岩崎学術出版社。
サム・ゴールドスタインほか著，篠田晴男ほか訳（2005）『ADHDの理解と対応　どうしてうちの子は落ち着きがないの？』明石書店。
ジョージ・J・デュポールほか著，田中康雄監修（2005）『学校の中のADHD　アセスメント・介入方法の理論と実践』明石書店。
スーザン・トンプソン・ムーア著，テーラー幸恵訳（2005）『アスペルガー症候群への支援　小学校編』東京書籍。
長畑正道ほか編著（2000）『行動障害の理解と援助』コレール社。
藤原加奈江（2005）『2歳からはじめる自閉症児の言語訓練』診断と治療社。
ブレンダ・スミス・マイルズほか著，荻原拓訳（2004）『アスペルガー症候群と感覚過敏性への対処法』東京書籍。

子どもの発達理論・アタッチメント理論に関する文献
数井みゆき・遠藤利彦編著（2005）『アタッチメント　生涯にわたる絆』ミネルヴァ書房。
数井みゆき・遠藤利彦編著（2007）『アタッチメントと臨床領域』ミネルヴァ書房。
木村順（2006）『育てにくい子にはわけがある　感覚統合が教えてくれたもの』（子育てと健康シリーズ25），大月書店。
鯨岡峻（1997）『原初的コミュニケーションの諸相』ミネルヴァ書房。
久保田まり（2006）「愛着研究はどのように進んできたか」『そだちの科学』No. 7, 2-10。
浜田寿美男（1992）『「私」というもののなりたち』ミネルヴァ書房。
浜田寿美男（1995）『意味から言葉へ』ミネルヴァ書房。

児童虐待に関する文献
杉山登志郎（2007）『子ども虐待という第四の発達障害』学研。
堤啓（2004）『幼児虐待　実態とその後の発達段階における精神療法の実際』。昭和堂。
西澤哲（2004）「子ども虐待がそだちにもたらすもの」『そだちの科学』2004年2号，10-16頁。
春原由紀・土屋葉（2004）『保育者は幼児虐待にどうかかわるか』大月書店。
マーク・エディ著，藤生英行訳（2002）『行為障害　キレる子の診断と治療・指導・処遇』金子書房。
明治学院大学立法研究会（1999）『児童虐待　わが国における現状と課題』信山社。
山崎嘉久（2006）『子ども虐待防止＆対応マニュアル』診断と治療社。
柳澤正義（1999）『改訂子ども虐待　その発見と初期対応』財団法人母子衛生研究会。

不登校・いじめ・非行に関する文献

生島浩（1999）『悩みを抱えられない子どもたち』日本評論社。

大河原美以（2006）「『怒りをコントロールでいない子』への支援　ネガティヴな感情表出にどう向き合うか」『児童心理』No. 847, 2-10。

筒井末春・原由利恵（1998）「心身症に対する正しい理解」『診断と治療』Vol. 86. No. 5, 658-663。

内藤朝雄（2001）『いじめの社会理論　その生態学的秩序の生成と解体』柏書房。

橋本和明（2004）『虐待と非行臨床』創元社。

不安・抑うつ臨床研究会（1997）『不安症の時代』日本評論社。

不登校問題に関する調査研究協力者会議（2003）『今後の不登校への対応の在り方について（報告）』。

宮下一博・大野久（2002）『キレる青少年の心』北大路書房。

カウンセリング・教育相談・ソーシャルワークに関する文献

門田光司（2002）『学校ソーシャルワーク入門』中央法規。

小林正幸（2007）「親からのクレームに対する教師の基本姿勢」『児童心理』2007年6月号。金子書房。

中田洋二郎（2002）『子どもの障害をどう受容するか　家族支援と援助者の役割』大月書店。

若島孔文（2004）『脱学習のブリーフセラピー　構成主義に基づく心理療法の理論と実践』金子書房。

おわりに

　「子どもにどのように対応したらよいか？」という教師の悩みは古今東西，変わらぬものであると思います。そうした教師の悩みに対して教育学や心理学の立場から，多くの指南書が出される時代になりました。書店に行って本を見ていると，Q&Aやマニュアル本がこんなにも多く出版されているのかと感じているのは筆者だけではないでしょう。

　当面の対処法を知るには，Q&Aやマニュアル本は役に立ちます。しかし，子どもの困難が大きいほどこうした「対症療法」的な対応では太刀打ちできないこともまた事実です。

　教師という職業は子どもの新たな問題に直面した時に，自らの考え方や指導方法を見つめなおし，自らをレベルアップすることで困難を乗り越えていくものだと考えます。「専門職」と呼ばれる仕事は，どんな分野でも「状況に応じて」「臨機応変に」対応できる能力が求められるものですが，私は，教師がこうした能力を身に付け，子どもや学校・社会の変化に応じて自らを変革していく存在であってほしいと思っています。

　一方，専門的な知識があれば教師という仕事を遂行できるかといえば，それもまた否であると考えています。マニュアルでもなく，知識がつまった理論書でもない教師のためのワークブックを作りたい。これが本書，『「気になる子ども」の教育相談ケース・ファイル』を編集しようとした理由です。

　本書の編集を通して強く感じたことは，特別支援教育に関連する諸問題のすそ野の広さです。「障害」に関することばかりでなく，カウンセリングや生徒指導，あるいは学習支援に関することまで，幅広く論じなければ困難を抱えるすべての子どもの「ニーズ」には応えられないのだということを改めて痛感しました。こうした幅広いテーマを取り扱うのですから，当然，筆者の専門領域や力量を超えた範囲にまで論述は及んでいます。執筆を終えるにあたって，巻末に記した多くの文献から示唆を受け，参考にさせていただいたことを申し添えます。

　筆者は，すべての子どもが学校でより充実した「学び」を享受できるようにするために，学校・教師は何をすべきなのかという点から本書を執筆してきました。本書を通して強調したいことは，特別支援教育の教育相談というものは，子どもや保護者の「困難」または「問題」に目を向けるだけでなく，学校や教師を社会資源として位置づけ，その資源を有効に活用し，発展させていくことが重要であるということです。

そのため，子どもや保護者の「困難」または「問題」を解決するという視点だけでなく，それらを乗り越えた先で子どもはどのような「学び」が保障されるのか，あるいはどのような豊かな生活が待っているのかを考えながら，マクロな視点で教育相談に臨まなければならないと考えています。こうした意味において，学校・教師が行う教育相談とは広い意味で，気になる子どもの「学習支援」を提供することであり，豊かな生活を保障するための基盤づくりに貢献するものである考えます。

　本書がこうしたマクロな意味で「子どもの福祉＝幸せ」に貢献できる本となっているかどうかは心許ない限りですが，微力ながらも，そうした教育相談を展開しようとしている先生方のお役に立つことができれば幸いです。

　本書には，文部科学省科学研究費補助金の交付を受けて行われた研究（若手研究（B），研究代表者：新井英靖「発達障害児の学習支援システムと教材開発に関する実践研究」）の成果を大幅に加筆して収録した箇所があります。また，茨城大学大学院教育学研究科の金丸隆太先生には保護者の教育相談を進める方法についてご教示いただきました。さらに，本書の編集・執筆にあたり，茨城大学教育学部附属特別支援学校の三村和子先生，寺門宏美先生に多くのご意見，ご助力をいただき，また，同校の小畑由紀子先生にはお忙しいなか，イラストを描いていただきました。ここに記して感謝申し上げます。

　最後になりましたが，本書の企画趣旨に賛同くださり，出版の機会を与えてくださった（株）ミネルヴァ書房および編集部の浅井久仁人さんに感謝申し上げます。

2008年7月
新井英靖

〈執筆者紹介〉

著者
新井英靖（あらい・ひでやす，茨城大学教育学部）

イラスト（カバー，本文中）
小畑由紀子（おばた・ゆきこ，茨城大学教育学部附属特別支援学校）

執筆協力
金丸隆太（かねまる・りゅうた，茨城大学大学院教育学研究科）
三村和子（みむら・かずこ，茨城大学教育学部附属特別支援学校）
寺門宏美（てらかど・ひろみ，茨城大学教育学部附属特別支援学校）

「気になる子ども」の 教育相談ケース・ファイル		
2008年7月30日　初版第1刷発行	〈検印廃止〉	
2010年11月10日　初版第2刷発行	定価はカバーに 表示しています	
著　者	新　井　英　靖	
発行者	杉　田　啓　三	
印刷者	林　　　初　彦	

発行所　株式会社　ミネルヴァ書房
607-8494 京都市山科区日ノ岡堤谷町1
電話　(075)581-5191／振替　01020-0-8076

©新井英靖, 2008　　　　　　太洋社・清水製本

ISBN978-4-623-05208-0
Printed in Japan

発達と障害を考える本（全12巻）

障害をもつ子どもの視点に立ち，学校や家庭での支援のポイントをオールカラーイラストでわかりやすく紹介。AB判・各56頁　定価1890円

①ふしぎだね!?　自閉症のおともだち
　内山登紀夫監修　諏訪利明・安倍陽子編
②ふしぎだね!?
　アスペルガー症候群[高機能自閉症]のおともだち
　内山登紀夫監修　安倍陽子・諏訪利明編
③ふしぎだね!?
　LD（学習障害）のおともだち
　内山登紀夫監修　神奈川LD協会編
④ふしぎだね!?
　ADHD（注意欠陥多動性障害）のおともだち
　内山登紀夫監修　えじそんくらぶ　高山恵子編
⑤ふしぎだね!?　ダウン症のおともだち
　玉井邦夫監修
⑥ふしぎだね!?　知的障害のおともだち
　原　仁監修

⑦ふしぎだね!?　身体障害のおともだち
　日原信彦監修
⑧ふしぎだね!?　言語障害のおともだち
　牧野泰美監修　阿部厚仁編
⑨ふしぎだね!?　聴覚障害のおともだち
　倉内紀子監修
⑩ふしぎだね!?　視覚障害のおともだち
　千田耕基監修　大倉滋之編
⑪ふしぎだね!?　てんかんのおともだち
　原　仁監修
⑫発達って，障害って　なんだろう？
　日原信彦監修

やわらかアカデミズム・〈わかる〉シリーズ

よくわかる障害児教育
　石部元雄・上田征三
　髙橋　実・柳本雄次編　定価2310円

よくわかる発達障害
　小野次朗・上野一彦・藤田継道編　定価2310円

よくわかる特別支援教育
　湯浅恭正編　定価2520円

よくわかる障害児保育
　尾崎康子・小林　真
　水内豊和・阿部美穂子編　定価2625円

よくわかる教育評価
　田中耕治編　定価2625円

よくわかる授業論
　田中耕治編　定価2730円

ミネルヴァ書房
http://www.minervashobo.co.jp/